SOCCE

THE INTERNATIONAL

LINE-UPS & STATISTICS

SERIES –

BRAZIL

1971-1996

STATISTICS
Julio Barros
with additional information from Ron Hockings

EDITOR
Mike Ross

Price
£5.95

British Library Cataloguing in Publication Data
A catalogue record for this book is available from the British Library
ISBN 0-947808-95-7

Printed by Joshua Horgan Print Partnership, 246 Marston Road, Oxford, OX3 0EL

NOTE:

Soccer: The International Line-Ups & Statistics Series – Brazil 1914-1970

is available from our Cleethorpes address above
– priced £5.95 per copy

328: 11th July 1971
v AUSTRIA *Sao Paulo*

Félix
Zé Maria
Brito
Piazza
Everaldo (sub. Marco Antônio)
Clodoaldo
Gérson
Zequinha
Tostào
Pelé (sub. Paulo César)
Rivelino
Result 1-1 Pelé

329: 14th July 1971
v CZECHOSLOVAKIA *Rio De Janeiro*

Félix
Zé Maria
Brito
Piazza
Everaldo
Clodoaldo
Gérson
Zequinha
Tostão (sub. Claudiomiro)
Rivelino
Paulo César (sub. Vaguinho)
Result 1-0 Tostão

330: 18th July 1971
v YUGOSLAVIA *Rio De Janeiro*

Félix
Zé Maria (sub. Eurico)
Brito
Piazza
Everaldo (sub. Marco Antônio)
Clodoaldo
Gérson
Zequinha
Vaguinho
Pelé (sub. Claudiomiro)
Rivelino
Result 2-2 Rivelino, Gérson

331: 21st July 1971
v HUNGARY *Rio De Janeiro*

Félix
Zé Maria
Brito
Piazza
Everaldo
Clodoaldo
Gérson
Zequinha
Vaguinho
Tostão
Rivelino
Result 0-0

332: 24th July 1971
v PARAGUAY *Rio De Janeiro*

Félix
Zé Maria
Brito
Luís Carlos
Everaldo
Clodoaldo
Gérson
Zequinha
Vaguinho
Tostão (sub. Paulo César)
Rivelino (sub. Claudiomiro)
Result 1-0 Claudiomiro

333: 28th July 1971
v ARGENTINA *Buenos Aires*

Félix
Zé Maria (sub. Marco Antônio)
Brito
Piazza
Everaldo
Clodoaldo
Gérson
Vaguinho
Claudiomiro (sub. Paulo César)
Tostão
Rivelino
Result 1-1 Paulo César

334: 31st July 1971
v ARGENTINA *Buenos Aires*
Félix
Eurico
Brito
Piazza
Everaldo (sub. Marco Antônio)
Clodoldo (sub. Claudiomiro)
Gérson
Vaguinho (sub. Lula)
Tostão
Rivelino
Paulo César
Result 2-2 Tostão, Paulo César

335: 26th April 1971
v PARAGUAY *Porto Alegre*
Félix
Carlos Alberto (sub. Marco Antônio)
Marinho Peres
Vantuir
Everaldo
Clodoaldo
Rivelino
Jairzinho
Roberto
Tostão (sub. Dirceu Lopes)
Paulo César
Result 3-2 Carlos Alberto, Tostão, Dirceu Lopes

336: 28th June 1972
v CZECHOSLOVAKIA *Rio De Janeiro*
Leão
Zé Maria
Brito
Vantuir
Marco Antônio
Clodoaldo
Gérson
Jairzinho
Tostão (sub. Leivinha)
Rivelino
Paulo César
Result 0-0

337: 2nd July 1972
v YUGOSLAVIA *Sao Paulo*
Leão
Zé Maria
Brito
Vantuir
Marco Antônio
Clodoaldo
Gérson
Jairzinho
Tostão
Rivelino
Paulo César (sub. Leivinha)
Result 3-0 Leivinha 2, Jairzinho

338: 5th July 1972
v SCOTLAND *Rio De Janeiro*
Leão
Zé Maria
Brito
Vantuir
Marco Antônio
Clodoado
Gérson
Jairzinho
Tostão
Rivelino
Leivinha (sub. Dario)
Result 1-0 Jairzinho

339: 9th July 1972
v PORTUGAL *Rio De Janeiro*
Leão
Zé Maria
Brito
Vantuir
Marco Antônio (sub. Rodrigues Neto)
Clodoaldo
Gérson
Jairzinho
Leivinha (sub. Dario)
Tostão
Rivelino
Result 1-0 Jairzinho

340: 27th May 1973
v BOLIVIA *Rio De Janeiro*
Leão
Zé Maria
Chiquinho
Piazza
Marco Antônio
Clodoaldo
Rivelino
Valdomiro
Leivinha (sub. Palhinha)
Paulo César
Edu
Result 5-0 Rivelino 2, Valdomiro, Leivinha 2

341: 3rd July 1973
v ALGERIA *Algiers*
Renato
Zé Maria
Chiquinho
Piazza
Marco Antônio
Clodoaldo
Rivelino
Valdomiro
Leivinha
Paulo César
Edu
Result 2-0 Rivelino, Paulo César

342: 6th June 1973
v TUNISIA *Túnis*
Wendel
Zé Maria
Luís Pereira
Piazza
Marco Antônio
Clodoaldo
Rivelino
Valdomiro
Leivinha
Paulo César
Edu
Result 4-1 Paulo César 2, Valdomiro, Leivinha

343: 9th June 1973
v ITALY *Rome*
Leão
Zé Maria
Luís Pereira
Piazza
Marco Antônio
Clodoaldo
Rivelino
Jairzinho
Leivinha (sub. Dario)
Paulo César
Edu
Result 0-2

344: 13th June 1973
v AUSTRIA *Vienna*
Renato
Zé Maria
Luís Pereira
Piazza
Marco Antônio
Clodoaldo
Rivelino
Jairzinho
Palhinha (sub. Valdomiro)
Paulo César
Edu (sub. Dirceu)
Result 1-1 Jairzinho

345: 16th June 1973
v WEST GERMANY *Berlin*
Leão
Zé Maria
Luís Pereira
Piazza
Marco Antônio
Clodoaldo
Rivelino
Valdomiro
Jairzinho
Paulo César
Dirceu
Result 1-0 Dirceu

346: 21st June 1973
v U.S.S.R. *Moscow*
Wendel
Zé Maria
Luís Pereira
Moisés
Marco Antônio
Clodoaldo
Rivelino
Valdomiro
Jairzinho
Leivinha
Paulo César
Result 1-0 Jairzinho

347: 25th June 1973
v SWEDEN *Stockholm*
Wendel (sub. Leão)
Zé Maria
Luís Pereira
Piazza
Chagas
Carbone
Rivelino
Valdomiro
Jairzinho (sub. Dirceu)
Paulo César
Palhinha (sub. Dario)
Result 0-1

348: 30th June 1973
v SCOTLAND *Glasgow*
Leão
Zé Maria
Luís Pereira
Piazza
Marco Antônio
Clodoaldo
Rivelino
Valdomiro
Jairzinho
Paulo César
Dirceu
Result 1-0 Johnston (og)

349: 3rd July 1973
v EIRE *Dublin*
Leão
Zé Maria
Luís Pereira
Piazza
Marco Antônio
Clodoaldo
Rivelino
Valdomiro
Jairzinho
Paulo César
Dirceu
Result 4-3 Paulo César 2, Jairzinho, Valdomiro

350: 31st March 1974
v MEXICO *Rio De Janeiro*
Leão
Zé Maria
Luís Pereira
Alfredo
Marco Antônio
Carbone
Ademir da Guia
Jairzinho
Carpegiani (sub. Leivinha)
Rivelino
Mirandinha (sub. Enéas)
Result 1-1 Jairzinho

351: 7th April 1974
v CZECHOSLOVAKIA *Rio De Janeiro*
Wendel
Zé Maria
Luís Pereira
Piazza
Marinho Chagas
Carbone
Ademir da Guia
Jairzinho
Carpegiani
Mirandinha (sub. Leivinha)
Edu
Result 1-0 Marinho Chagas

352: 14th April 1974
v BULGARIA *Rio De Janeiro*
Leão
Zé Maria
Luís Pereira
Piazza
Marinho Chagas
Clodoaldo
Rivelino
Jairzinho
Paulo César
Leivinha (sub. Mirandinha)
Edu
Result 1-0 Jairzinho

353: 17th April 1974
v ROMANIA *Sao Paulo*
Leão
Zé Maria
Luís Pereira
Piazza
Marinho Chagas
Clodoaldo (sub. Carbone)
Rivelino
Jairzinho (sub. Valdomiro)
Paulo César
Leivinha
Edu
Result 2-0 Leivinha, Edu

354: 21st April 1974
v HAITI *Brasília*
Leão
Zé Maria
Luís Pereira
Piazza
Marinho Chagas
Clodoaldo
Rivelino
Jairzinho
Carpegiani
César (sub. Leivinha)
Paulo César (sub. Edu)
Result 4-0 Paulo César, Rivelino, Marinho Chagas, Edu

355: 28th April 1974
v GREECE *Rio De Janeiro*
Leão
Nelinho
Luís Pereira
Piazza
Marinho Chagas
Clodoaldo
Rivelino
Jairzinho
Carpegiani
César (sub. Leivinha)
Edu
Result 0-0

356: 1st May 1974
v AUSTRIA *Sao Paulo*
Leão
Zé Maria (sub. Nelinho)
Marinho Peres
Piazza
Marinho Chagas
Carbone
Carpegiani (sub. César)
Rivelino
Jairzinho
Leivinha
Edu
Result 0-0

357: 5th May 1974
v EIRE *Rio De Janeiro*
Leão
Zé Maria
Luís Pereira
Marinho Peres
Marinho Chagas
Carbone
Rivelino
Jairzinho
Leivinha
César
Paulo César
Result 2-1 Leivinha, Rivelino

358: 12th May 1974
v PARAGUAY *Rio De Janeiro*
Leào (sub. Wendel)
Zé Maria
Luís Pereira
Marinho Peres
Marinho Chagas
Piazza
Rivelino
Jairzinho
Leivinha
César
Paulo César
Result 2-0 Marinho Peres, Rivelino

359: 13th June 1974
v YUGOSLAVIA *Frankfurt*
Leão
Nelinho
Luís Pereira
Marinho Peres
Marinho Chagas
Piazza
Rivelino
Valdomiro
Jairzinho
Leivinha
Paulo César
Result 0-0

360: 18th June 1974
v SCOTLAND *Frankfurt*
Leão
Nelinho
Luís Pereira
Marinho Peres
Marinho Chagas
Piazza
Rivelino
Jairzinho
Leivinha (sub. Carpegiani)
Mirandinha
Paulo César
Result 0-0

361: 22nd June 1974
v ZAIRE *Gelsenkirchen*
Leão
Nelinho
Luís Pereira
Marinho Peres
Marinho Chagas
Piazza (sub. Mirandinha)
Carpegiani
Jairzinho
Leivinha (sub. Valdomiro)
Rivelino
Edu
Result 3-0 Jairzinho, Rivelino, Valdomiro

362: 26th June 1974
v WEST GERMANY *Hanover*
Leão
Zé Maria
Luís Pereira
Marinho Peres
Marinho Chagas
Carpegiani
Rivelino
Valdomiro
Jairzinho
Paulo César
Dirceu
Result 1-0 Rivelino

363: 30th June 1974
v ARGENTINA *Hanover*
Leão
Zé Maria
Luís Pereira
Marinho Peres
Marinho Chagas
Carpegiani
Rivelino
Valdomiro
Jairzinho
Paulo César
Dirceu
Result 2-1 Rivelino, Jairzinho

364: 3rd July 1974
v HOLLAND *Dortmund*
Leão
Zé Maria
Luís Pereira
Marinho Peres
Marinho Chagas
Carpegiani
Rivelino
Valdomiro
Jairzinho
Paulo César (sub. Mirandinha)
Dirceu
Result 0-2

365: 6th July 1974
v POLAND *Munich*
Leão
Zé Maria
Marinho Peres
Alfredo
Marinho Chagas
Carpegiani
Rivelino
Valdomiro
Jairzinho
Ademir da Guia (sub. Mirandinha)
Dirceu
Result 0-1

366: 30th July 1975
v VENEZUELA *Caracas*
Raul
Nelinho
Piazza
Vantuir
Getúlio
Vanderlei
Danival
Roberto Batata
Marcelo (sub. Reinaldo)
Campos (sub. Palhinha)
Romeu
Result 4-0 Romeu, Danival, Palhinha 2

367: 6th August 1975
v ARGENTINA *Belo Horizonte*
Raul
Nelinho
Piazza
Amaral
Getúlio
Vanderlei
Danival
Roberto Batata
Marcelo (sub. Reinaldo)
Campos (sub. Dirceu Lopes)
Romeu
Result 2-1 Nelinho 2

368: 13th August 1975
v VENEZUELA *Belo Horizonte*
Raul
Nelinho
Luís Pereira
Amaral
Getúlio
Vanderlei
Danival
Roberto Batata
Marcelo (sub. Palhinha)
Campos
Romeu (sub. Joãozinho)
Result 6-0 Roberto Batata 2, Nelinho, Danival, Campos, Palinha

369: 16th August 1975
v ARGENTINA *Rosário*
Raul
Nelinho
Luís Pereira
Amaral
Getúlio
Vanderlei
Danival
Roberto Batata
Palhinha
Campos
Romeu (sub. Reinaldo)
Result 1-0 Danival

370: 30th September 1975
v PERU *Belo Horizonte*
Raul
Nelinho
Miguel
Piazza
Getúlio
Vanderlei
Geraldo (sub. Zé Carlos)
Roberto Batata
Palhinha
Roberto Dinamite (sub. Reinaldo)
Romeu
Result 1-3 Roberto Batata

371: 4th October 1975
v PERU *Lima*
Valdir Peres
Nelinho
Vantuir
Piazza
Getúlio
Vanderlei
Zé Carlos
Roberto Batata
Geraldo (sub. Palhinha)
Campos (sub. Roberto Dinamite)
Romeu
Result 2-0 Meléndez (og), Campos

372: 25th February 1976
v URUGUAY *Montevidéo*
Valdir Peres
Nelinho
Miguel
Amaral
Marinho Chagas
Chicão
Rivelino
Flecha (sub. Edu)
Zico
Palhinha
Lula (sub. Getúlio)
Result 2-1 Nelinho, Zico

373: 27th February 1976
v ARGENTINA *Buenos Aires*
Valdir Peres
Getúlio
Miguel
Amaral
Marinho Chagas
Chicão
Falcão
Flecha
Geraldo (sub. Palhinha)
Zico
Lula (sub. Edu)
Result 2-1 Lula, Zico

374: 7th April 1976
v PARAGUAY *Asuncion*
Valdir Peres
Nelinho
Miguel
Amaral
Marco Antônio
Chicão
Rivelino
Gil (sub. Flecha)
Enéas
Zico (sub. Palhinha)
Joãozinho
Result 1-1 Enéas

375: 28th April 1976
v URUGUAY *Rio De Janeiro*
Jairo
Toninho (sub. Orlando)
Miguel
Amaral
Marco Antônio
Chicão
Rivelino
Gil
Zico
Enéas (sub. Roberto Dinamite)
Lula
Result 2-1 Rivelino, Zico

376: 19th May 1976
v ARGENTINA Rio De Janeiro
Valdir Peres
Orlando
Jaime
Amaral (sub. Beto Fuscão)
Marco Antônio
Chicão (sub. Falcão)
Rivelino
Gil
Geraldo
Neca
Lula
Result 2-0 Lula, Neca

377: 23rd May 1976
v ENGLAND Los Angeles
Leão
Orlando
Miguel
Beto Fuscão
Marco Antônio (sub. Marinho Chagas)
Falcão
Rivelino
Gil
Zico
Neca (sub. Roberto Dinamite)
Lula
Result 1-0 Roberto Dinamite

378: 28th May 1976
v U.S.A. Seattle
Leão
Orlando
Miguel
Beto Fuscão (sub. Amaral)
Marinho Chagas (sub. Getúlio)
Falcão (sub. Givanildo)
Rivelino
Gil
Zico
Roberto Dinamite
Lula
Result 2-0 Gil 2

379: 31st May 1976
v ITALY New Haven
Leão
Orlando (sub. Getúlio)
Miguel
Amaral
Marco Antônio (sub. Beto Fuscão)
Falcão (sub. Givanildo)
Rivelino
Gil
Zico
Roberto Dinamite
Lula
Result 4-1 Gil 2, Zico, Roberto Dinamite

380: 4th June 1976
v MEXICO Guadalajara
Leão
Getúlio
Miguel
Beto Fuscão
Marco Antônio
Givanildo
Rivelino
Flecha
Zico
Roberto Dinamite
Flecha (sub. Edu)
Result 3-0 Roberto Dinamite 2, Gil

381: 9th June 1976
v PARAGUAY Rio De Janeiro
Leão
Getúlio
Miguel
Beto Fuscão
Marco Antônio
Givanildo
Geraldo (sub. Neca)
Gil
Zico
Roberto Dinamite
Flecha (sub. Edu)
Result 3-1 Roberto Dinamite 2, Zico

382: 1st December 1976
v U.S.S.R. *Rio De Janeiro*
Leão
Carlos Alberto (sub. Marinho Chagas)
Amaral
Beto Fuscão
Marco Antônio
Givanildo (sub. Falcão)
Rivelino (sub. Caçapava)
Gil
Zico
Roberto Dinamite
Nei
Result 2-0 Falcão, Zico

383: 23rd January 1977
v BULGARIA *Sao Paulo*
Leão
Zé Maria
Amaral
Beto Fuscão
Marinho Chagas (sub. Marco Antônio)
Givanildo
Falcão
Gil
Roberto Dinamite
Nei
Lula (sub. Nílson Dias)
Result 1-0 Roberto Dinamite

384: 20th February 1977
v COLOMBIA *Bogotá*
Leão
Zé Maria
Amaral
Beto Fuscão
Vladimir
Givanildo (sub. Caçapava)
Falcão
Rivelino
Gil (sub. Valdomiro)
Zico
Roberto Dinamite
Result 0-0

385: 9th March 1977
v COLOMBIA *Rio De Janeiro*
Leão
Zé Maria
Luís Pereira
Carlos Alberto
Marinho Chagas (sub. Edinho)
Toninho Cerezo
Rivelino
Zico
Gil (sub. Joãozinho)
Roberto Dinamite
Paulo César
Result 6-0 Roberto Dinamite 2, Zico,
Marinho Chagas 2, Rivelino

386: 13th March 1977
v PARAGUAY *Asuncion*
Leão
Zé Maria (sub. Marco Antônio)
Luís Pereira
Carlos Alberto
Marinho Chagas
Toninho Cerezo
Falcão
Rivelino
Gil
Roberto Dinamite
Paulo César
Result 1-0 Insfrán (og)

387: 20th March 1977
v PARAGUAY *Rio De Janeiro*
Leão
Marinho Chagas
Carlos Alberto
Edinho
Marco Antônio
Toninho Cerezo (sub. Pintinho)
Falcão
Rivelino
Valdomiro
Robert Dinamite
Paulo César
Result 1-1 Roberto Dinamite

388: 8th June 1977
v ENGLAND *Rio De Janeiro*
Leão
Zé Maria
Amaral
Edinho
Rodrigues Neto
Toninho Cerezo
Zico
Rivelino
Gil (sub. Zé Mario)
Roberto Dinamite
Paulo César
Result 0-0

389: 12th June 1977
v WEST GERMANY *Rio De Janeiro*
Leão
Zé Maria
Luís Pereira
Amaral
Rodrigues Neto
Toninho Cerezo
Zico
Rivelino
Gil (sub. Marcelo)
Roberto Dinamite
Paulo César
Result 1-1 Rivelino

390: 19th June 1977
v POLAND *Sao Paulo*
Leão
Zé Maria (sub. Orlando)
Luís Pereira
Armaral
Rodrigues Neto (sub. Marinho Chagas)
Paulo Isidoro
Rivelino (sub. Pintinho)
Toninho Cerezo
Gil
Reinaldo
Paulo César
Result 3-1 Paulo Isidoro, Reinaldo, Rivelino

391: 23rd June 1977
v YUGOSLAVIA *Rio De Janeiro*
Leão
Zé Maria
Luís Pereira
Edinho
Marinho Chagas
Toninho Cerezo
Rivelino
Paulo Isidoro
Gil (sub. Zico)
Reinaldo
Paulo César
Result 2-0 Zico, Toninho Cerezo

392: 26th June 1977
v YUGOSLAVIA *Belo Horizonte*
Leão
Zé Maria
Luís Pereira
Edinho
Marinho Chagas
Toninho Cerezo
Rivelino
Paulo Isidoro
Marcelo
Reinaldo
Paulo César
Result 0-0

393: 30th June 1977
v FRANCE *Rio De Janeiro*
Leão
Zé Maria (sub. Orlando)
Luís Pereira
Edinho
Rodrigues Neto
Toninho Cerezo
Rivelino
Paulo Isidoro
Gil
Roberto Dinamite
Paulo César
Result 2-2 Edinho, Roberto Dinamite

394: 10th July 1977
v PERU *Cali*

Leão
Zé Maria
Luís Pereira
Edinho
Rodrigues Neto
Toninho Cerezo
Paulo Isidoro (sub. Dirceu)
Rivelino
Gil
Roberto Dinamite
Paulo César

Result 1-0 Gil

395: 14th July 1977
v BOLIVIA *Cali*

Leão
Zé Maria
Luís Pereira
Amaral
Rodrigues Neto
Toninho Cerezo
Rivelino
Zico (sub. Marcelo)
Gil
Roberto Dinamite (sub. Reinaldo)
Dirceu

*Result 8-0 Zico 4, Roberto Dinamite, Gil,
Toninho Cerezo, Marcelo*

396: 1st April 1978
v FRANCE *Paris*

Leão
Toninho
Oscar
Amaral
Edinho
Toninho Cerezo
Rivelino
Zico
Tarciso (sub. Gil)
Reinaldo (sub. Nunes)
Dirceu

Result 0-1

397: 5th April 1978
v WEST GERMANY *Hamburg*

Leão
Zé Maria
Oscar
Amaral
Edinho
Toninho Cerezo
Rivelino (sub. Batista)
Zico
Gil
Reinaldo (sub. Nunes)
Dirceu

Result 1-0 Nunes

398: 19th April 1978
v ENGLAND *London*

Leão
Zé Maria
Abel
Amaral
Edinho
Toninho Cerezo
Rivelino
Zico
Gil
Nunes (sub. Batista)
Dirceu

Result 1-1 Gil

399: 1st May 1978
v PERU *Rio De Janeiro*

Leão
Toninho
Oscar
Amaral
Edinho
Toninho Cerezo
Batista
Rivelino (sub. Dirceu)
Zico (sub. Reinaldo)
Nunes
Zé Sérgio

Result 3-0 Zico, Reinaldo 2

400: 17th May 1978
v CZECHOSLOVAKIA *Rio De Janeiro*
Leão
Zé Maria (sub. Toninho)
Oscar
Amaral
Edinho
Toninho Cerezo
Batista
Rivelino
Zico
Reinaldo (sub. Roberto Dinamite)
Zé Sérgio
Result 2-0 Reinaldo, Zico

401: 3rd June 1978
v SWEDEN *Mar del Plata*
Leão
Toninho
Oscar
Amaral
Edinho
Toninho Cerezo (sub. Dirceu)
Batista
Rivelino
Zico
Gil (sub. Nelinho)
Reinaldo
Result 1-1 Reinaldo

402: 7th June 1978
v SPAIN *Mar del Plata*
Leão
Toninho
Oscar
Amaral
Edinho
Toninho Cerezo
Batista
Zico (sub. Gil)
Nelinho (sub. Jorge Mendonça)
Reinaldo
Dirceu
Result 0-0

403: 11th June 1978
v AUSTRIA *Mar del Plata*
Leão
Toninho
Oscar
Amaral
Rodrigues Neto
Toninho Cerezo (sub. Chicão)
Batista
Gil
Jorge Mendonça (sub. Zico)
Roberto Dinamite
Dirceu
Result 1-0 Roberto Dinamite

404: 14th June 1978
v PERU *Mendoza*
Leão
Toninho
Oscar
Amaral
Rodrigues Neto
Toninho Cerezo (sub. Chicão)
Batista
Gil (sub. Zico)
Jorge Mendonça
Roberto Dinamite
Dirceu
Result 3-0 Dirceu 2, Zico

405: 18th June 1978
v ARGENTINA *Rosário*
Leão
Toninho
Oscar
Amaral
Rodrigues Neto (sub. Edinho)
Chicão
Batista
Gil
Jorge Mendonça (sub. Zico)
Roberto Dinamite
Dirceu
Result 0-0

406: 21st June 1978
v POLAND *Mendoza*
Leão
Nelinho
Oscar
Amaral
Toninho
Batista
Toninho Cerezo (sub. Rivelino)
Zico (sub. Jorge Mendonça)
Gil
Roberto Dinamite
Dirceu
Result 3-1 Nelinho, Roberto Dinamite 2

407: 24th June 1978
v ITALY *Buenos Aires*
Leão
Nelinho
Oscar
Amaral
Rodrigues Neto
Toninho Cerezo (sub. Rivelino)
Batista
Jorge Mendonça
Gil (sub. Reinaldo)
Roberto Dinamite
Dirceu
Result 2-1 Nelinho, Dirceu

408: 17th May 1979
v PARAGUAY *Rio De Janeiro*
Leão
Toninho
Amaral
Edinho
Júnior
Carpegiani (sub. Toninho Cerezo)
Falcão
Nílton Batata (sub. Roberto Dinamite)
Zico
Sócrates
Éder (sub. Zezé)
Result 6-0 Éder, Zico 3, Nílton Batata 2

409: 31st May 1979
v URUGUAY *Rio De Janeiro*
Leão
Toninho
Amaral
Edindo
Júnior
Toninho Cerezo (sub. Guina)
Falcão
Nílton Batata
Zico (sub. Serginho)
Sócrates
Joãozinho (sub. Éder)
Result 5-1 Edinho, Sócrates 2, Nílton Batata, Éder

410: 26th July 1979
v BOLIVIA *La Paz*
Leão
Júnior
Oscar
Amaral
Pedrinho
Carpegiani
Batista
Nílton Batata
Renato (sub. Zenon)
Roberto Dinamite
Zé Sérgio (sub. Juari)
Result 1-2 Roberto Dinamite

411: 2nd August 1979
v ARGENTINA *Rio De Janeiro*
Leão
Toninho
Amaral
Edinho
Pedrinho
Carpegiani
Zenon (sub. Batista)
Tita
Palhinha (sub. Juari)
Zico
Zé Sérgio
Result 2-1 Zico, Tita

412: 16th August 1979
v BOLIVIA *Sao Paulo*
Leão
Toninho
Amaral
Edinho
Júnior
Batista
Zenon (sub. Palhinha)
Nílton Batata (sub. Tita)
Zico
Sócrates
Zé Sérgio
Result 2-0 Tita, Zico

413: 23rd August 1979
v ARGENTINA *Buenos Aires*
Leão
Toninho
Amaral
Edinho
Júnior
Batista
Carpegiani (sub. Falcão)
Tita
Zico
Sócrates
Zé Sérgio
Result 2-2 Sócrates 2

414: 24th August 1979
v PARAGUAY *Asuncion*
Leão
Toninho
Amaral
Edinho
Pedrinho
Chicão
Falcão
Tarciso
Jair (sub. Palhinha)
Sócrates
Éder (sub. Zé Sérgio)
Result 1-2 Palhinha

415: 31st October 1979
v PARAGUAY *Rio De Janeiro*
Leão
Toninho
Amaral
Edinho
Marco Antônio
Carpegiani (sub. Pintinho)
Falcão
Tita (sub. Zezé)
Palhinha
Sócrates
Zé Sérgio
Result 2-2 Falcão, Sócrates

416: 8th June 1980
v MEXICO *Rio De Janeiro*
Raul
Nelinho
Amaral (sub. Mauro Pastor)
Edinho
Pedrinho
Batista
Toninho Cerezo
Sócrates (sub. Renato)
Paulo Isidoro (sub. @Éder)
Serginho
Zé Sérgio
Result 2-0 Zé Sérgio, Serginho

417: 15th June 1980
v U.S.S.R. *Rio De Janeiro*
Raul
Nelinho
Amaral (sub. Mauro Pastor)
Edinho
Júnior
Batista
Toninho Cerezo
Sócrates (sub. Renato)
Zico
Nunes
Zé Sérgio (sub. Éder)
Result 1-2 Nunes

418: 24th June 1980
v CHILE *Belo Horizonte*
Raul
Nelinho
Amaral
Edinho (sub. Getúlio)
Júnior (sub. Pedrinho)
Toninho Cerezo
Sócrates
Paulo Isidoro
Zico
Nunes (sub. Éder)
Zé Sérgio (sub. Serginho)
Result 2-1 Zico, Toninho Cerezo

419: 29th June 1980
v POLAND *Sao Paulo*
Carlos
Nelinho
Mauro Pastor
Amaral
Júnior
Batista
Sócrates (sub. Éder)
Zico
Paulo Isidoro (sub. Renato)
Serginho
Zé Sérgio
Result 1-1 Zico

420: 27th August 1980
v URUGUAY *Fortaleza*
Carlos
Getúlio
Oscar
Luisinho
Júnior
Batista
Pita (sub. Paulo Isidoro)
Tita
Rentato
Sócrates (sub. Baltazar)
Zé Sérgio
Result 1-0 Getúlio

421: 25th September 1980
v PARAGUAY *Asuncion*
Carlos
Getúlio
Oscar (sub. Juninho)
Luisinho
Junior
Batista
Toninho Cerezo
Robertinho
Zico
Sócrates (sub. Reinaldo)
Zé Sérgio
Result 2-1 Zé Sérgio, Reinaldo

422: 30th October 1980
v PARAGUAY *Goiânia*
Carlos (sub. Marolla)
Edevaldo
Oscar
Luisinho
Júnior (sub. Pedrinho)
Batista (sub. Pita)
Toninho Cerezo
Tita
Zico (sub. Renato)
Sócrates (sub. Reinaldo)
Zé Sérgio
Result 6-0 Zé Sérgio, Tita, Zico 2, Sócrates, Luisinho

423: 21st December 1980
v SWITZERLAND *Cuiaba*
João Leite
Edevaldo
Oscar
Luisinho
Júnior
Batista
Toninho Cerezo
Tita (sub. Paulo Isidoro)
Renato
Sócrates (sub. Serginho)
Zé Sérgio
Result 2-0 Sócrates, Zé Sérgio

424: 4th January 1981
v ARGENTINA *Montevideo*
Carlos (sub. João Leite)
Edevaldo
Oscar
Luisinho
Júnior
Batista
Toninho Cerezo
Tita
Renato (sub. Paulo Isidoro)
Sócrates
Zé Sérgio
Result 1-1 Carlos

425: 4th January 1981
v WEST GERMANY *Montevideo*
João Leite
Edevaldo (sub. Getúlio)
Oscar
Luisinho
Júnior
Batista
Toninho Cerezo
Tita (sub. Serginho)
Paulo Isidoro
Sócrates
Zé Sérgio
Result 4-1 Júnior, Toninho Cerezo, Serginho, Zé Sérgio

426: 10th January 1981
v URUGUAY *Montevideo*
João Leite
Edevaldo
Oscar
Luisinho
Júnior
Batista
Toninho Cerezo
Tita (sub. Serginho)
Paulo Isidoro
Sócrates
Zé Sérgio
Result 1-2 Sócrates

427: 1st February 1981
v COLOMBIA *Bogota*
João Leite
Edevaldo (sub. Getúlio)
Juninho
Luisinho
Júnior
Batista (sub. Edinho)
Toninho Cerezo
Paulo Isidoro
Reinaldo (sub. Serginho)
Sócrates
Zé Sérgio (sub. Éder)
Result 1-1 Serginho

428: 8th February 1981
v VENEZUELA *Caracas*
Valdir Peres
Edevaldo
Oscar
Luisinho
Júnior
Batista
Toninho Cerezo
Paulo Isidoro
Zico
Serginho
Zé Sérgio
Result 1-0 Zico

429: 14th February 1981
v ECUADOR *Quito*
Valdir Peres (sub. Marolla)
Edevaldo
Oscar
Luisinho (sub. Edinho)
Júnior (sub. Pedrinho)
Toninho Cerezo (sub. Renato)
Zico (sub. Pita)
Sócrates
Tita
Reinaldo
Éder
Result 6-0 Reinaldo 2, Sócates 2, Lambeta, Zico

430: 22nd February 1981
v BOLIVIA *La Paz*
Valdir Peres
Edevaldo
Oscar
Luisinho (sub. Edinho)
Júnior
Toninho Cerezo
Zico
Sócrates
Tita (sub. Batista)
Reinaldo
Éder
Result 2-1 Sócrates, Reinaldo

431: 14th March 1981
v CHILE *Ribeirao Preto*
Valdir Peres
Edevaldo
Oscar
Edinho
Júnior
Batista
Sócrates
Zico
Paulo César
Reinaldo (sub. Serginho)
Zé Sérgio (sub. Éder)
Result 2-1 Zico, Reinaldo

432: 22nd March 1981
v BOLIVIA *Rio De Janeiro*
Valdir Peres
Edevaldo
Oscar
Luisinho
Júnior
Batista
Sócrates
Zico
Tita (sub. Zé Sérgio)
Reinaldo
Éder
Result 3-1 Zico 3

433: 29th March 1981
v VENEZUELA *Goiânia*
Valdir Peres
Getúlio
Oscar
Luisinho
Júnior
Batista
Sócrates
Zico
Tita
Reinaldo (sub. Serginho)
Éder (sub. Zé Sérgio)
Result 5-0 Tita 2, Sócrates, Zico, Júnior

434: 12th May 1981
v ENGLAND *London*
Valdir Peres
Edevaldo
Oscar
Luisinho
Júnior
Toninho Cerezo
Sócrates
Zico
Paulo Isidoro
Reinaldo
Éder
Result 1-0 Zico

435: 15th May 1981
v FRANCE *Paris*
Paulo Ségio
Edevaldo
Oscar (sub. Edinho)
Luisinho
Júnior
Toninho Cerezo
Sócrates (sub. Vítor)
Zico
Paulo Isidoro
Reinaldo (sub. César)
Éder (sub. Zé Sérgio)
Result 3-1 Zico, Reinaldo, Sócrates

436: 19th May 1981
v WEST GERMANY *Stuggart*
Valdir Peres
Edevaldo
Oscar
Luisinho
Júnior
Toninho Cerezo
Sócrates
Zico (sub. Vítor)
Paulo Isidoro
César (sub. Renato)
Éder
Result 2-1 Toninho Cerezo, Júnior

437: 8th July 1981
v SPAIN *Salvador*
Valdir Peres (sub. Carlos)
Getúlio (sub. Perivaldo)
Juninho
Luisinho (sub. Edinho)
Júnior
Toninho Cerezo
Sócrates
Paulo Isidoro
Zico
Baltazar
Éder
Result 1-0 Baltazar

438: 26th August 1981
v CHILE *Santiago*
Valdir Peres
Edevaldo
Juninho
Edinho
Júnior
Toninho Cerezo
Zico
Sócrates
Paulo Isidoro
Baltazar (sub. Roberto)
Éder
Result 0-0

439: 23rd September 1981
v EIRE *Maceió*
Valdir Peres
Perivaldo (sub. Leandro)
Oscar
Edindo
Júnior
Toninho Cerezo
Renato
Paulo Isidoro (sub. Robertinho)
Zico
Roberto
Éder (sub. Mário Sérgio)
Result 6-0 Éder, Roberto, Zico 4

440: 28th October 1981
v BULGARIA *Porto Alegre*
Valdir Peres (sub. Paulo Sérgio)
Leandro
Oscar
Luisinho
Júnior
Toninho Cerezo (sub. Rocha)
Zico
Sócrates
Paulo Isidoro
Roberto Dinamite
Mário Sérgio
Result 3-0 Roberto Dinamite, Zico, Leandro

441: 26th January 1982
v WEST GERMANY
Valdir Peres
Leandro
Oscar
Luisinho
Júnior (sub. Pedrinho)
Toninho Cerezo
Renato
Zico
Paulo Isidoro
Roberto Dinamite (sub. Serginho)
Mário Sérgio
Result 3-1 Paulo Isidoro, Renato, Serginho

442: 3rd March 1982
v CZECHOSLOVAKIA *Sao Paulo*
Valdir Peres
Perivaldo
Oscar
Luisinho
Júnior
Toninho Cerezo (sub. Renato)
Sócrates
Zico
Jairzinho (sub. Paulo Isidoro)
Roberto Dinamite
Mário Sérgio (sub. Éder)
Result 1-1 Zico

443: 21st March 1982
v WEST GERMANY *Rio De Janeiro*
Valdir Peres
Leandro
Oscar
Luisinho
Júnior
Vítor
Adílio
Zico
Paulo Isidoro
Careca
Mário Sérgio (sub. Éder)
Result 1-0 Júnior

444: 5th May 1982
v PORTUGAL *Sao Paulo*
Valdir Peres
Edevaldo
Oscar
Luisinho
Júnior
Batista
Sócrates (sub. Toninho Cerezo)
Paulo Isidoro
Zico
Serginho (sub. Careca)
Dirceu (sub. Éder)
Result 3-1 Júnior, Éder, Zico

445: 19th May 1982
v SWITZERLAND *Recife*
Valdir Peres
Leandro (sub. Edevaldo)
Oscar
Luisinho
Júnior
Falcão
Sócrates (sub. Toninho Cerezo)
Paulo Isidoro
Zico
Careca (sub. Serginho)
Éder
Result 1-1 Zico

446: 27th May 1982
v EIRE *Uberlândia*
Valdir Peres (sub. Paulo Sérgio)
Leandro
Oscar
Luisinho (sub. Edinho)
Júnior
Falcão
Sócrates
Zico
Paulo Isidoro (sub. Toninho Cerezo)
Careca (sub. Serginho)
Éder (sub. Dirceu)
Result 7-0 Falcão, Sócrates 2, Serginho 2, Lusinho, Zico

447: 14th June 1982
v U.S.S.R. *Seville*
Valdir Peres
Leandro
Oscar
Luisinho
Júnior
Zico
Falcão
Sócrates
Dirceu (sub. Paulo Isidoro)
Serginho
Éder
Result 2-1 Sócrates, Éder

448: 18th June 1982
v SCOTLAND *Seville*
Valdir Peres
Leandro
Oscar
Luisinho
Júnior
Toninho Cerezo
Falcão
Sócrates
Zico
Serginho (sub. Paulo Isidoro)
Éder
Result 4-1 Zico, Oscar, Éder, Falcão

449: 23rd June 1982
v NEW ZEALAND *Seville*
Valdir Peres
Leandro
Oscar (sub. Edinho)
Luisinho
Júnior
Toninho Cerezo
Falcão
Sócrates
Zico
Serginho (sub. Paulo Isidoro)
Éder
Result 4-0 Zico 2, Falcão, Serginho

450: 2nd July 1982
v ARGENTINA *Barcelona*
Valdir Peres
Leandro (sub. Edevaldo)
Oscar
Luisinho
Júnior
Toninho Cerezo
Falcão
Sócrates
Zico (sub. Batista)
Serginho
Éder
Result 3-1 Zico, Serginho, Júnior

451: 5th July 1982
v ITALY *Barcelona*
Valdir Peres
Leandro
Oscar
Luisinho
Júnior
Toninho Cerezo
Falcão
Sócrates
Zico
Serginho (sub. Paulo Isidoro)
Éder
Result 2-3 Sócrates, Falcão

452: 28th April 1983
v CHILE *Rio De Janeiro*
Leão
Leandro
Marinho
Márcio Rossini
Júnior (sub. Pedrinho)
Batista
Sócrates
Zico (sub. Renato)
Tita (sub. Paulo Isidoro)
Careca (sub. João Paulo)
Éder
Result 3-2 Careca, Éder, Renato

453: 8th July 1983
v PORTUGAL *Coimbra*
Leão
Betão (sub. Édson)
Márcio Rossini
Luisinho
Pedrinho
Batista
Sócrates
Pita (sub. Jorginho)
Carlos Alberto Borges
Careca
Éder
Result 4-0 Careca 2, Sócrates, Pedrinho

454: 12th June 1983
v WALES *Cardiff*
Leão
Betão
Márcio Rossini
Luisinho
Pedrinho
Batista
Sócrates
Pita (sub. Paulo Isidoro)
Careca
Carlos Alberto Borges (sub. Paulo Isidoro)
Éder
Result 1-1 Paulo Isidoro

455: 17th June 1983
v SWIZTERLAND *Basle*
Leão
Édson
Márcio Rossini
Toninho Carlos
Pedrinho
Alemão (sub. Batista)
Sócrates
Carlos Alberto Borges (sub. Éder)
Paulo Isidoro
Careca
João Paulo
Result 2-1 Sócrates, Careca

456: 22nd June 1983
v SWEDEN *Gothenburg*
Leão
Édson
Márcio Rossini (sub. Luisinho)
Toninho Carlos
Pedrinho
Batista
Sócrates
Éder
Paulo Isidoro
Careca
João Paulo (sub. Jorginho)
Result 3-3 Márcio Rossini, Careca, Jorginho

457: 28th July 1983
v CHILE *Santiago*
Leão
Leandro
Márcio Rossini
Mozer
Júnior
Andrade
Sócrates
Jorginho
Paulo Isidoro (sub. Renato)
Careca
João Paulo
Result 0-0

458: 17th August 1983
v ECUADOR *Quito*
Leão
Leandro
Márcio Rossini
Mozer
Júnior
Andrade
Jorginho
Tita
Careca
Roberto Dinamite
Renato (sub. China)
Result 1-0 Roberto Dinamite

459: 24th August 1983
v ARGENTINA *Buenos Aires*
Leão
Paulo Roberto
Mozer
Toninho Carlos
Júnior
China
Tita
Renato (sub. Geraldo)
Careca
Roberto Dinamite
Jorginho
Result 0-1

460: 1st September 1983
v ECUADOR *Goiânia*
Leão
Leandro
Márcio Rossini (sub. Toninho Carlos)
Mozer
Júnior
Tita (sub. China)
Jorginho
Renato
Renato Gaúcho
Robert Dinamite
Éder
Result 5-0 Renato Gaúcho, Roberto Dinamite 2, Éder, Tita

461: 14th September 1983
v ARGENTINA *Rio De Janeiro*
Leão
Leandro
Márcio Rossini
Mozer
Júnior
Andrade
Jorginho
Sócrates
Renato Gaúcho
Roberto Dinamite
Éder
Result 0-0

462: 13th October 1983
v PARAGUAY *Asuncion*
Leão
Paulo Roberto
Márcio Rossini
Mozer
Júnior
Andrade
Jorginho
Tita (sub. Renato)
Renato Gaúcho
Careca
Éder
Result 1-1 Éder

463: 20th October 1983
v PARAGUAY *Uberlândia*
Leão
Leandro
Márcio Rossini
Mozer
Júnior
Andrade
Jorginho
Renato (sub. Tita)
Renato Gaúcho (sub. Careca)
Roberto Dinamite
Éder
Result 0-0

464: 27th October 1983
v URUGUAY *Montevidéo*
Leão
Leandro
Márcio Rossini
Mozer
Júnior
China (sub. Tita)
Jorginho
Renato
Renato Gaúcho
Roberto Dinamite
Éder
Result 0-2

465: 4th November 1983
v URUGUAY *Salvador*
Leão
Paulo Roberto
Márcio Rossini
Mozer
Júnior
China
Jorginho
Sócrates
Tita (sub. Renato Gaúcho)
Roberto Dinamite (sub. Careca)
Éder
Result 1-1 Jorginho

466: 10th June 1984
v ENGLAND *Rio De Janeiro*
Roberto Costa
Leandro (sub. Vladimir)
Mozer
Ricardo Gomes
Júnior
Pires
Zenon
Assis
Renato Gaúcho
Roberto Dinamite (sub. Reinaldo)
Tato
Result 0-2

467: 17th June 1984
v ARGENTINA *Sao Paulo*
Paulo Vítor
Édson
Oscar
Mozer
Vladimir
Pires (sub. Jandir)
Zenon
Tita
Renato Gaúcho
Roberto Dinamite
Marquinho
Result 0-0

468: 21st June 1984
v URUGUAY *Curitiba*
João Marcos
Edson
Oscar (sub. Baideck)
Mozer
Vladimir
Jandir
Delei
Arturzinho
Tita (sub. Assis)
Reinaldo
Marquinho (sub. Tato)
Result 1-0 Arturzinho

469: 25th April 1985
v COLOMBIA *Belo Horizonte*
Paulo Vítor
Édson (sub. Luís Carlos Winck)
Oscar
Mozer
Branco
Dema
Alemão
Casagrande
Jorginho
Reinaldo
Éder
Result 2-1 Alemão, Casagrande

470: 28th April 1985
v PERU *Brasília*
Paulo Vítor
Luís Carlos Winck
Oscar
Mozer
Branco
Dema
Alemão
Casagrande (sub. Jorginho)
Bebeto
Careca
Éder (sub. Mário Sérgio)
Result 0-1

471: 2nd May 1985
v URUGUAY *Recife*
Paulo Vítor
Édson
Oscar
Mozer
Branco
Jandir (sub. Dema)
Alemão (sub. Geovani)
Casagrande
Bebeto (sub. Jorginho)
Careca
Éder
Result 2-0 Alemão, Careca

472: 5th May 1985
v ARGENTINA *Salvador*
Paulo Vítor
Edson
Oscar
Mozer
Branco
Dema
Alemão
Casagrande
Bebeto (sub. Mário Sérgio)
Careca (sub. Reinaldo)
Éder
Result 2-1 Careca, Alemão

473: 15th May 1985
v COLOMBIA *Bogotá*
Carlos
Édson
Oscar
Mozer
Branco
Jandir
Geovani
Casagrande
Jorginho (sub. Bebeto)
Careca
Mário Sérgio
Result 0-1

474: 21st May 1985
v CHILE *Santiago*
Carlos
Édson
Oscar
Mozer
Vladimir
Jandir
Alemão
Casagrande (sub. Geovani)
Bebeto
Reinaldo
Éder
Result 1-2 Casagrande

475: 2nd June 1985
v BOLIVIA *Santa Cruz*
Carlos
Leandro
Oscar
Edinho
Júnior
Toninho Cerezo
Sócrates
Zico
Renato Gaúcho
Casagrande (sub. Careca)
Éder
Result 2-0 Casagrande, Noro

476: 8th June 1985
v CHILE *Porto Alegre*
Carlos (sub. Paulo Vítor)
Leandro (sub. Édson)
Oscar
Edinho
Júnior
Toninho Cerezo
Sócrates (sub. Alemão)
Zico (sub. Bebeto)
Renato Gaúcho
Careca
Éder (sub. Tato)
Result 3-1 Zico 2, Leandro

477: 16th June 1985
v PARAGUAY *Asuncion*
Carlos
Leandro
Oscar
Edinho
Júnior
Toninho Cerezo
Sócrates
Zico
Renato Gaúcho (sub. Alemão)
Casagrande
Éder
Result 2-0 Casagrande, Zico

478: 23rd June 1985
v PARAGUAY *Rio De Janeiro*
Carlos
Leandro
Oscar
Edinho
Júnior
Toninho Cerezo
Sócrates
Zico
Renato Gaúcho
Casagrande
Éder (sub. Alemão)
Result 1-1 Sócrates

479: 30th June 1985
v BOLIVIA *Sao Paulo*
Carlos
Édson
Oscar
Edinho
Júnior
Toninho Cerezo
Sócrates
Zico
Renato Gaúcho
Careca
Éder
Result 1-1 Careca

480: 12th March 1986
v WEST GERMANY *Frankfurt*
Carlos
Édson
Oscar
Mozer
Dida
Falcão
Sócrates
Casagrande
Müller (sub. Marinho)
Careca
Sídnei (sub. Éder)
Result 0-2

481: 16th March 1986
v HUNGARY *Budapest*
Leão
Édson
Oscar
Mozer
Dida
Elzo
Alemão
Silas
Renato Gaúcho
Casagrande
Sídnei (sub. Müller)
Result 0-3

482: 1st April 1986
v PERU *Sao Paulo*
Paulo Vítor
Édson
Oscar
Mauro Galvão
Branco (sub. Dida)
Elzo
Falcão
Sócrates (sub. Alemão)
Renato Gaúcho (sub. Müller)
Casagrande (sub. Careca)
Éder
Result 4-0 Casagrande 2, Alemão, Careca

483: 8th April 1986
v WEST GERMANY *Goiania*
Gilmar
Leandro (sub. Édson)
Julio César
Mozer
Branco
Elzo
Falcão
Alemão
Müller
Casagrande
Careca
Result 3-0 Müller, Alemão, Careca

484: 17th April 1986
v FINLAND Brasília
Carlos (sub. Paulo Vítor)
Leandro
Oscar
Mozer
Branco
Elzo
Sócrates (sub. Silas)
Müller (sub. Casagrande)
Marinho
Careca
Edivaldo
Result 3-0 Marinho, Oscar, Casagrande

485: 30th April 1986
v YUGOSLAVIA Recife
Leão (sub. Gilmar)
Leandro
Oscar
Mozer
Branco
Elzo
Falcão (sub. Alemão)
Zico (sub. Silas)
Renato Gaúcho (sub. Müller)
Casagrande (sub. Careca)
Edivaldo (sub. Dirceu)
Result 4-2 Zico 3, Careca

486: 7th May 1986
v CHILE Curitiba
Carlos
Leandro (sub. Édson)
Oscar
Edinho
Júnior
Elzo (sub. Alemão)
Falcão
Zico (sub. Sócrates)
Müller (sub. Casagrande)
Careca
Dirceu
Result 1-1 Casagrande

487: 1st June 1986
v SPAIN Guadalajara
Carlos
Edson
Júlio César
Edinho
Branco
Alemáo
Elzo
Júnior (sub. Falcão)
Sócrates
Careca
Casagrande (sub. Müller)
Result 1-0 Sócrates

488: 6th June 1986
v ALGERIA Guadalajara
Carlos
Édson (sub. Falcão)
Júlio César
Edinho
Branco
Alemão
Elzo
Sócrates
Júnior
Careca
Casagrande (sub. Müller)
Result 1-0 Careca

489: 12th June 1986
v NORTHERN IRELAND Guadalajara
Carlos
Josmar
Júlio César
Edinho
Branco
Alemão
Elzo
Sócrates (sub. Zico))
Júnior
Careca
Müller (sub. Casagrande)
Result 3-0 Careca 2, Josimar

490: 16th June 1986
v POLAND *Guadalajara*
Carlos
Josimar
Júlio César
Edinho
Branco
Elzo
Alemão
Júnior
Sócrates (sub. Zico)
Müller (sub. Silas)
Careca
Result 4-0 Sócrates, Josimar, Edinho,
Careca

491: 21st June 1986
v FRANCE *Guadalajara*
Carlos
Josimar
Júlio César
Edinho
Branco
Elzo
Alemão
Júnior (sub. Silas)
Sócrates
Müller (sub. Zico)
Careca
Result 1-1 Careca
(After extra time – France won 4-3 penalties)

492: 19th May 1987
v ENGLAND *London*
Carlos
Josimar
Geraldão
Ricardo Rocha
Nelsinho
Douglas
Silas (sub. Dunga)
Edu Marangon (sub. Raí)
Müller
Mirandinha
Valdo
Result 1-1 Mirandinha

493: 23rd May 1987
v EIRE *Dublin*
Carlos
Josimar
Geraldão
Ricardo Rocha
Nelsinho
Douglas
Silas
Edu (sub. Raí)
Müller (sub. João Paulo)
Mirandinha (sub. Romário)
Valdo
Result 0-1

494: 26th May 1987
v SCOTLAND *Glasgow*
Carlos
Josimar
Geraldão
Ricardo Rocha
Nelsinho
Douglas
Raí
Edu Marangon
Müller
Mirandinha
Valdo
Result 2-0 Raí, Valdo

495: 28th May 1987
v FINLAND *Helsinki*
Carlos (sub. Régis)
Josimar
Geraldão (sub. Batista)
Ricardo Rocha (sub. Ricardo Gomes)
Nelsinho
Douglas (sub. Dunga)
Raí
Edu Marangon
Müller
Mirandinha (sub. Romário)
Valdo
Result 3-2 Romário, Valdo, Müller

496: 1st June 1987
v ISRAEL *Tel Aviv*
Régis
Josimar
Geraldão (sub. Batista)
Ricardo Rocha
Nelsinho (sub. Ricardo Gomes)
Douglas (sub. Dunga)
Raí (sub. Edu)
Edu Marangon
Müller
Romário
Valdo (sub. João Paulo)
Result 4-0 Romário 2, Dunga, João Paulo

497: 1st June 1987
v ISRAEL *Tel Aviv*
Carlos
Josimar
Geraldão (sub. Júlio César)
Ricardo Rocha (sub. Ricardo Gomes)
Nelsinho
Douglas (sub. Jorginho)
Raí (sub. Silas)
Edu Marangon
Müller
Careca
Valdo (sub. Romário)
Result 4-1 Raí, Careca, Müller, Jorginho

498: 24th June 1987
v PARAGUAY *Porto Alegre*
Carlos (sub. Júlio César)
Josimar
Geraldão
Ricardo Rocha (sub. Ricardo Gomes)
Nelsinho
Douglas (sub. Dunga)
Raí (sub. Silas)
Edu Marangon (sub. João Paulo)
Müller
Careca
Valdo
Result 1-0 Valdo

499: 28th December 1987
v VENEZUELA *Córdoba*
Carlos
Josimar
Geraldão
Ricardo Rocha
Nelsinho
Douglas (sub. Silas)
Raí
Edu Marangon
Müller (sub. Romário)
Careca
Valdo
Result 5-0 Edu Marangon, Morovic (og), Careca, Nelsinho, Romário

500: 3rd July 1987
v CHILE *Córdoba*
Carlos
Josimar
Júlio César
Ricardo Rocha (sub. Geraldão)
Nelsinho
Douglas
Raí
Edu Marangon (sub. Romário)
Müller
Careca
Valdo
Result 0-4

501: 9th December 1987
v CHILE *Uberlândia*
Gilmar
Zé Teodoro
Batista (sub. Ricardo Gomes)
Luisinho
Nelsinho (sub. Eduardo)
Douglas
Raí (sub. Mílton (sub. Washington))
Pita
Sérgio Araújo
Renato
Valdo
Result 2-1 Valdo, Renato

502: 12th December 1987
v WEST GERMANY *Brasília*
Gilmar
Zé Teodoro
Batista
Luisinho
Nelsinho (sub. Eduardo)
Douglas
Raí (sub. Washington)
Pita (sub. Uidemar)
Müller (sub. Sérgio Araújo)
Renato
Valdo
Result 1-1 Batista

503: 7th July 1988
v AUSTRALIA *Melbourne*
Taffarel
Jorginho
Aloísio
Ricardo Gomes
Nelsinho
Ademir (sub. Mílton)
Geovani
Careca (sub. Edu)
Müller
Romário
Valdo
Result 1-0 Romário

504: 10th July 1988
v ARGENTINA *Melbourne*
Taffarel
Luís Carlos Winck
Aloísio
Ricardo Gomes
Jorginho
Ademir
Geovani
Careca (sub. Mílton)
Müller
Romário (sub. Edmar)
Valdo
Result 0-0

505: 13 July 1988
v SAUDI ARABIA *Melbourne*
Taffarel (sub. Zé Carlos)
Luís Carlos Winck
Aloísio
Ricardo Gomes
Jorginho
Ademir (sub. Andrade)
Geovani
Edu
Edmar
Romário
Valdo
Result 4-1 Geovani 2, Jorginho, Edmar

506: 17th July 1988
v AUSTRALIA *Sydney*
Taffarel
Jorginho
Aloísio
Ricardo Gomes
Nelsinho
Andrade
Geovani
Müller
Edmar (sub. Luís Carlos Winck)
Romário
Valdo
Result 2-0 Romário, Müller

507: 28th July 1988
v NORWAY *Oslo*
Taffarel
Jorginho
Aloísio
Ricardo Gomes
Nelsinho (sub. Luís Carlos Winck)
Andrade
Geovani (sub. Mílton)
Edu (sub. Careca)
Edmar
Romário
Valdo
Result 1-1 Edmar

508: 31st July 1988
v SWEDEN *Stockholm*
Taffarel
Jorginho
Aloísio
Ricardo Gomes
Nelsinho
Andrade
Geovani
Careca (sub. Mílton)
Edmar
Romário
Valdo
Result 1-1 Jorginho

509: 4th August 1988
v AUSTRIA *Vienna*
Taffarel
Jorginho
Batista
André Cruz
Nelsinho
Andrade
Geovani (sub. Ademir)
Careca (sub. Mílton)
Edmar (sub. Aloísio)
Romário
Valdo
Result 2-0 Edmar, Andrade

510: 30th August 1988
v ARGENTINA *Los Angeles*
Taffarel
Luís Carlos Winck
Aloísio
André Cruz
Nelsinho (sub. Batista)
Ademir
Geovani
Careca (sub. João Paulo)
Mílton
Edmar (sub. Bebeto)
Romário
Result 1-1 Romário

511: 5th September 1988
v MEXICO *Chicago*
Taffarel (sub. Zé Carlos)
Luís Carlos Winck
Aloísio
André Cruz
Jorginho
Ademir
Careca (sub. João Paulo)
Mílton (sub. Bebeto)
Geovani
Edmar
Romário (sub. Neto)
Result 3-2 Jorginho, Edmar, Luís Carlos Winck

512: 12th October 1988
v BELGIUM *Antwerp*
Taffarel
Luís Carlos Winck
Batista
André Cruz
Jorginho
Ademir
Geovani
Neto (sub. Zé do Carmo)
Careca
Romário
João Paulo (sub. Betinho)
Result 2-1 Geovani 2

513: 15th March 1989
v ECUADOR *Cuiabá*
Acácio
Jorginho
Batista (sub. Aldair)
André Cruz
Eduardo
Uidemar (sub. Zé do Carmo)
Geovani
Toninho (sub. Vivinho)
Bebeto
Washington
Zinho (sub. João Paulo)
Result 1-0 Washington

514: 12th April 1989
v PARAGUAY *Teresina*
Acácio
Jorginho
Aldair
André Cruz
Eduardo
Bismarck
Bernardo
Bobô (sub. Cristóvão)
Bebeto
Washington (sub. Vivinho)
Zinho (sub. João Paulo)
Result 2-0 Cristóvão, Vivinho

515: 10th May 1989
v PERU *Fortaleza*
Acácio
Jorginho
Marcelo (sub. Mauro Galvão)
André Cruz
Mazinho
Zé do Carmo (sub. Cristóvão)
Bismarck
Bobô (sub. Zé Carlos)
Bebeto
Charles (sub. Vivinho)
Zinho (sub. Edu)
Result 4-1 Zé do Carmo, Bebeto, Charles 2

516: 24th May 1989
v PERU *Lima*
Zé Carlos
Jorginho
Mauro Galvão
André Cruz
Mazinho (sub. Nelsinho)
Bismarck (sub. Nílson)
Bernardo
Bobô (sub. Edu)
Zé Carlos
Cristóvão
Zinho
Result 1-1 Cristóvão

517: 8th June 1989
v PORTUGAL *Rio De Janeiro*
Acácio
Jorginho (sub. Branco)
Mozer (sub. Aldair)
Ricardo Gomes
Mazinho
Bernardo
Silas (sub. Geovani)
Edu (sub. Cristóvão)
Bebeto (sub. Zé Carlos)
Charles
Valdo
Result 4-0 Bebeto, Sobrinho (og), Ricardo Gomes, Charles

518: 16th June 1989
v SWEDEN *Copenhagen*
Acácio
Paulo Roberto
André Cruz
Ricardo Gomes
Branco
Bernardo
Silas (sub. Bismarck)
Edu (sub. Geovani)
Valdo
Charles (sub. Cristóvão)
Careca (sub. Gérson)
Result 1-2 Cristóvão

519: 18th June 1989
v DENMARK *Copenhagen*
Acácio
Paulo Roberto
André Cruz
Ricardo Gomes
Branco (sub. Mazinho)
Bernardo
Geovani
Cristóvão (sub. Silas)
Valdo (sub. Edu)
Gérson (sub. Careca)
Bismarck (sub. Charles)
Result 0-4

520: 21st June 1989
v SWITZERLAND *Basle*
Taffarel
Paulo Roberto (sub. Branco)
Ricardo Gomes
André Cruz
Mazinho
Dunga
Alemão
Tita
Renato Gaúcho
Gérson (sub. Geovani)
Valdo
Result 0-1

521: 1st July 1989
v VENEZUELA *Salvador*
Taffarel
Mazinho
Ricardo Gomes
André Cruz
Mauro Galvão
Branco
Tita (sub. Silas)
Geovani
Bebeto (sub. Baltazar)
Romário
Valdo
Result 3-1 Bebeto, Geovani, Baltazar

522: 3rd July 1989
v PERU *Salvador*
Taffarel
Alemão
Ricardo Gomes
Aldair
Mauro Galvão
Branco (sub. Renato Gaúcho)
Dunga
Geovani
Bebeto
Romário (sub. Baltazar)
Valdo
Result 0-0

523: 7th July 1989
v COLOMBIA *Salvador*
Taffarel
Alemão (sub. Mazinho)
Ricardo Gomes
Aldair
Mauro Galvão
Branco
Dunga
Geovani
Renato Gaúcho
Baltazar (sub. Bebeto)
Valdo
Result 0-0

524: 9th July 1989
v PARAGUAY *Recife*
Taffarel
Mazinho
Ricardo Gomes
Aldair
Mauro Galvão
Branco
Dunga
Silas
Bebeto
Romário (sub. Renato Gaúcho)
Valdo
Result 2-0 Bebeto 2

525: 12th July 1989
v ARGENTINA *Rio De Janeiro*
Taffarel
Mazinho
Ricardo Gomes
Aldair
Mauro Galvão
Branco
Dunga
Silas (sub. Alemão)
Bebeto
Romário (sub. Renato Gaúcho)
Valdo
Result 2-0 Bebeto, Romário

526: 14th July 1989
v PARAGUAY *Rio De Janeiro*
Taffarel
Mazinho
Ricardo Gomes
Aldair
Mauro Galvão
Branco
Dunga
Silas
Bebeto
Romário (sub. Renato Gaúcho)
Valdo (sub. Alemão)
Result 3-0 Bebeto 2, Romário

527: 16th July 1989
v URUGUAY *Rio De Janeiro*
Taffarel
Mazinho
Mauro Galvão
Aldair
Ricardo Gomes
Branco
Dunga
Silas (sub. Alemão)
Bebeto
Romário
Valdo (sub. Josimar)
Result 1-0 Romário

528: 23rd July 1989
v JAPAN *Rio De Janeiro*
Taffarel (sub. Zé Carlos)
Mazinho (sub. Josimar)
Mauro Galvão
Aldair
André Cruz
Branco (sub. Edivaldo)
Dunga (sub. Silas)
Valdo (sub. Renato Gaúcho)
Bebeto (sub. Bismarck)
Romário (sub. Tita)
Careca (sub. Cristóvão)
Result 1-0 Bismarck

529: 30th July 1989
v VENEZUELA *Caracas*
Taffarel
Mazinho
Mauro Galvão
Aldair
Ricardo Gomes
Branco (sub. Josimar)
Dunga
Valdo
Bebeto
Careca (sub. Silas)
Romário
Result 4-0 Branco, Romário, Bebeto 2

530: 13th August 1989
v CHILE *Santiago*
Taffarel
Mazinho (sub. André Cruz)
Aldair
Mauro Galvão
Ricardo Gomes
Branco (sub. Jorginho)
Dunga
Valdo
Bebeto
Careca
Romário
Result 1-1 González (o.g.)

531: 20th August 1989
v VENEZUELA *Sao Paulo*
Taffarel
Jorginho
Ricardo Rocha
Ricardo Gomes
Mauro Galvão
Branco
Dunga (sub. Alemão)
Silas
Bebeto
Careca
Valdo (sub. Tita)
Result 6-0 Careca 4, Silas, Acosta (o.g.)

532: 3rd September 1989
v CHILE *Rio De Janeiro*
Taffarel
Jorginho
Mauro Galvão
Aldair
Ricardo Gomes
Branco
Dunga
Silas
Valdo
Bebeto
Careca
Result 2-0 Careca 1. Game abandoned after 65 mins game awarded to Brazil by 2-0

533: 14th October 1989
v ITALY *Bologna*
Taffarel
Jorginho
Aldair (sub. André Cruz)
Mauro Galvão
Ricardo Rocha
Mazinho
Dunga
Silas (sub. Tita)
Alemão (sub. Geovani)
Müller
Careca
Result 1-0 André Cruz

534: 14th November 1989
v YUGOSLAVIA *Joao Pessoa*
Taffarel
Josimar (sub. Müller)
Mauro Galvão
Ricardo Rocha
André Cruz
Mazinho
Dunga
Geovani
Silas (sub. Bismarck)
Bebeto
Romário (sub. Tita)
Result 0-0

535: 20th December 1989
v HOLLAND *Rotterdam*
Taffarel
Jorginho
Mozer
Aldair (sub. Júlio César)
Ricardo Rocha
Branco
Alemão
Dunga (sub. Silas)
Valdo
Careca (sub. Müller)
Romário (sub. Bebeto)
Result 1-0 Careca

536: 28th March 1990
v ENGLAND *London*
Taffarel
Jorginho
Mauro Galvão
Mozer (sub. Aldair)
Ricardo Gomes
Branco
Dunga
Silas (sub. Alemão)
Valdo (sub. Bismarck)
Bebeto
Careca (sub. Müller)
Result 0-1

537: 5th May 1990
v BULGARIA *Campinas*
Taffarel
Jorginho
Mauro Galvão
Aldair
Ricardo Gomes (sub. Ricardo Rocha)
Branco (sub. Bismarck)
Alemão
Silas
Valdo (sub. Tita)
Müller
Careca
Result 2-1 Müller, Aldair

538: 13th May 1990
v WEST GERMANY *Rio De Janeiro*
Taffarel
Jorginho
Mozer
Aldair
Ricardo Gomes (sub. Mauro Galvão)
Branco (sub. Mazinho)
Dunga
Alemão (sub. Bismarck)
Valdo (sub. Silas)
Müller (sub. Bebeto)
Careca
Result 3-3 Alemão, Careca, Dunga

539: 10th June 1990
v SWEDEN *Turin*
Taffarel
Jorginho
Mauro Galvão
Mozer
Ricardo Gomes
Branco
Dunga
Alemão
Valdo (sub. Silas)
Müller
Careca
Result 2-1 Careca 2

540: 16th June 1990
v COSTA RICA *Turin*
Taffarel
Jorginho
Mauro Galvão
Mozer
Ricardo Gomes
Branco
Alemão
Dunga
Valdo (sub. Silas)
Careca (sub. Bebeto)
Müller
Result 1-0 Montero (o.g.)

541: 20th June 1990
v SCOTLAND *Turin*
Taffarel
Jorginho
Mauro Galvão
Ricardo Rocha
Ricardo Gomes
Branco
Alemão
Dunga
Valdo
Careca
Romário (sub. Müller)
Result 1-0 Müller

542: 24th June 1990
v ARGENTINA *Turin*
Taffarel
Jorginho
Mauro Galvão (sub. Renato Gaúcho)
Ricardo Rocha
Ricardo Gomes
Branco
Alemão (sub. Silas)
Dunga
Valdo
Careca
Müller
Result 0-1

543: 12th September 1990
v SPAIN *Gijón*
Velloso
Gil Baiano
Paulão
Márcio Santos
Nelsinho
Cafu (sub. Paulo Egídio)
Donizete
Moacir
Neto
Charles (sub. Jorginho)
Nílson
Result 0-3

544: 17th October 1990
v CHILE *Santiago*
Sérgio
Gil Baiano
Paulão
Adílson
Leonardo
Moacir
Cafu
Donizete
Neto (sub. Bismarck)
Charles
Túlio (sub. Valdeir)
Result 0-0

545: 8th November 1990
v CHILE *Belém*
Sérgio
Gil Baiano (sub. Luís Henrique)
Paulão (sub. Cléber)
Adílson
Lira
César Sampaio (sub. Leonardo)
Donizete
Cafu
Neto (sub. Valdeir)
Careca
Charles
Result 0-0

546: 13th December 1990
v MEXICO *Los Angeles*
Sérgio
Gil Baiano (sub. Odair)
Paulão (sub. Márcio Santos)
Adílson
Lira
Moacir
Edu Marangon
Marquinhos (sub. Gérson)
Mazinho Oliveira
Careca (sub. Almir)
João Santos
Result 0-0

547: 27th Febuary 1991
v PARAGUAY *Campo Grande*
Taffarel
Gil Baiano
Paulão
Adílson
Leonardo
Moacir
Cafu (sub. Donizete)
Cuca (sub. Mazinho)
Neto
Charles (sub. Maurício)
João Paulo (sub. Careca)
Result 1-1 Neto

548: 27th March 1991
v ARGENTINA *Buenos Aires*
Sérgio
Gil Baiano (sub. Paulão)
Ricardo Rocha
Gottardo
Leonardo
Mauro Silva
Cafu (sub. Luís Henrique (sub. Dêner))
Donizete
Mazinho Oliveira
Renato Gaúcho
Bebeto (sub. Careca)
Result 3-3 Renato Gaúcho, Luís Henrique, Careca

549: 17th April 1991
v ROMANIA *Londrina (Unofficial)*
Sérgio
Balu (sub. Cafu)
Ricardo Rocha
Márcio Santos
Leonardo
Mauro Silva
Moacir
Mazinho Oliveira
Neto
Renato Gaúcho
Bebeto (sub. Careca)
Result 1-0 Moacir

550: 28th May 1991
v BULGARIA *Uberlândia*
Sérgio
Mazinho (sub. Odair)
Gottardo
Márcio Santos (sub. Júlio César)
Branco (sub. Lira)
Márcio
Valdir
Neto (sub. Dêner)
Almir (sub. Luís Henrique)
Careca
João Paulo (sub. Valdeir)
Result 3-0 Neto 2, João Paulo

551: 27th June 1991
v ARGENTINA *Curitiba*
Taffarel
Mazinho
Cléber
Ricardo Rocha (sub. Gottardo)
Branco (sub. Cafu)
Mauro Silva
Valdir
Neto
Renato Gaúcho (sub. Mazinho Oliveira)
Careca (sub. Bebeto)
João Paulo
Result 1-1 Neto

552: 9th July 1991
v BOLVIA *Viña Del Mar*
Taffarel
Cafu
Gottardo
Richardo Rocha
Branco
Mauro Silva
Mazinho
Neto
Renato Gaúcho
Careca (sub. Raí)
João Paulo (sub. Mazinho Oliveira)
Result 2-1 Neto, Branco

553: 11th July 1991
v URUGUAY *Viña Del Mar*
Taffarel
Cafu
Ricardo Rocha
Gottardo
Branco
Mauro Silva
Mazinho
Raí
Neto
Renato Gaúcho (sub. Mazinho Oliveira)
João Paulo
Result 1-1 João Paulo

554: 13th July 1991
v COLOMBIA *Viña Del Mar*
Taffarel
Mazinho
Ricardo Rocha
Gottardo
Branco
Mauro Silva
Márcio
Neto (sub. Luís Henrique)
Renato Gaúcho
Raí (sub. Careca)
João Paulo
Result 0-2

555: 15th July 1991
v ECUADOR *Viña Del Mar*
Taffarel
Mazinho
Ricardo Rocha
Márcio Santos
Branco
Márcio
Mauro Silva
Neto (sub. Luís Henrique)
Mazinho Oliveira
Sílvio (sub. Careca)
João Paulo
Result 3-1 Mazinho Oliveira, Márcio Santos, João Paulo

556: 17th July 1991
v ARGENTINA *Santiago*
Taffarel
Mazinho
Richardo Rocha
Márcio Santos
Branco
Márcio
Mauro Silva
Neto
Luís Henrique
Sílvio (sub. Renato Gaúcho)
João Paulo (sub. Careca)
Result 2-3 Branco, João Paulo

557: 19th July 1991
v COLOMBIA *Santiago*
Taffarel
Cafu
Ricardo Rocha
Márcio Santos
Branco
Mauro Silva
Valdir
Luís Henrique
Mazinho Oliveira
Renato Gaúcho
João Paulo
Result 2-0 Renato Gaúcho, Branco

558: 21st July 1991
v CHILE *Santiago*
Taffarel
Cafu
Ricardo Rocha
Márcio Santos
Branco
Mauro Silva
Mazinho
Luís Henrique (sub. Neto)
Renato Gaúcho (sub. Valdir)
Mazinho Oliveira
João Paulo
Result 2-0 Mazinho Oliveira, Luís Henrique

559: 11th September 1991
v WALES *Cardiff*
Taffarel
Cafu (sub. Cássio)
Cléber
Márcio Santos
Jorginho
Mauro Silva
Moacir (sub. Valdeir)
Geovani (sub. Mazinho Oliveira)
Bebeto
Careca
João Paulo
Result 0-1

560: 30th October 1991
v YUGOSLAVIA *Varginha*
Carlos
Luís Carlos Winck (sub. Cafu)
Antônio Carlos
Márcio Santos
Lira
Mauro Silva
Raí
Luís Henrique
Renato Gaúcho (sub. Valdeir)
Bebeto (sub. Müller)
Elivélton
Result 3-1 Luís Henrique, Raí, Müller

561: 18th December 1991
v CZECHOSLOVAKIA *Goiânia*
Carlos
Giba
Antônio Carlos (sub. Cléber)
Ronaldo
Lira
Mauro Silva
Raí
Luís Henrique (sub. César Sampaio)
Elivélton (sub. Paulo Sérgio)
Bebeto (sub. Túlio)
Valdeir (sub. Charles)
Result 2-1 Elivélton, Raí

562: 26th February 1992
v U.S.A. *Fortaleza*
Carlos
Luís Carlos Winck (sub. Cafu)
Antônio Carlos
Ronaldo (sub. Torres)
Roberto Carlos
César Sampaio (sub. Wílson Mano)
Raí
Luís Henrique
Elivélton
Bebeto (sub. Valdeir)
Müller (sub. Evair)
Result 3-0 Antônio Carlos, Raí 2

563: 15th April 1992
v FINLAND *Cuiabá*
Sérgio
Luís Carlos Winck (sub. Charles Guerreiro)
Marcelo
Márcio Santos
Lira (sub. Roberto Carlos)
Mauro Silva
Júnior
Luis Henrique (sub. Dias)
Paulo Sérgio
Bebeto
Valdeir (sub. Renato Gaúcho)
Result 3-1 Bebeto 2, Paulo Sérgio

564: 30th April 1992
v URUGUAY *Montevideo*
Carlos
Luís Carlos Winck
Célio Silva
Márcio Santos
Roberto Carlos
Mauro Silva
Júnior (sub. César Sampaio)
Zinho
Paulo Sérgio
Renato Gaúcho (sub. Nílson)
Bebeto (sub. Valdeir)
Result 0-1

565: 17th May 1992
v ENGLAND *London*
Carlos
Luís Carlos Winck (sub. Charles Guerreiro)
Mozer
Ricardo Gomes
Branco
Mauro Silva
Raí
Luís Henrique (sub. Valdeir)
Bebeto
Renato Gaúcho (sub. Júnior)
Valdo (sub. Paulo Sérgio)
Result 1-1 Bebeto

566: 31st July 1992
v MEXICO *Los Angeles*
Carlos
Luís Carlos Winck
Antônio Carlos
Ronaldo (sub. Válber)
Roberto Carlos
Mauro Silva
Júnior
Raí (sub. Edmundo)
Zinho (sub. Paulo Sérgio)
Renato Gaúcho (sub. César Sampaio)
Bebeto (sub. Palhinha)
*Result 5-0 Bebeto 2, Renato Gaúcho, Zinho,
Paulo Sérgio*

567: 2nd August 1992
v U.S.A. *Los Angeles*
Gilmar
Cafu
Antônio Carlos
Ronaldo
Roberto Carlos
Mauro Silva
César Sampaio (sub. Paulo Sérgio)
Raí
Zinho
Renato Gaúcho (sub. Edmundo)
Bebeto
Result 1-0 Bebeto

568: 26th August 1992
v FRANCE *Paris*
Taffarel
Jorginho
Ricardo Rocha
Ricardo Gomes
Branco
Mauro Silva
Raí
Luís Henrique (sub. Júnior)
Valdo (sub. Bebeto)
Careca
Romário (sub. Zinho)
Result 2-0 Raí, Luís Henrique

569: 23rd September 1992
v COSTA RICA *Paranavaí*
Carlos
Luís Carlos Winck (sub. Charles Guerreiro)
Válber
Ronaldo
Roberto Carlos (sub. Lira)
Axel (sub. Luisinho)
Júnior (sub. Palhinha)
Raí
Renato Gaúcho (sub. Almir)
Müller (sub. Edmundo)
Elivélton (sub. Zinho)
Result 4-2 Raí 3, Renato Gaúcho

570: 25th November 1992
v URUGUAY *Camina Grande*
Gilmar
Luís Carlos Winck (sub. Vítor)
Válber
Ronaldo
Roberto Carlos
César Sampaio (sub. Palhinha)
Júnior (sub. Silas)
Raí
Zinho (sub. Elivélton)
Edmundo
Evair (sub. Nílson)
Result 1-2 Edmundo

571: 16th December 1992
v GERMANY *Porto Alegre*
Taffarel
Jorginho
Paulão
Célio Silva
Branco
Mauro Silva
Luís Henrique (sub. Júnior)
Silas (sub. Luisinho)
Zinho
Bebeto (sub. Renato Gaúcho)
Careca (sub. Romário)
Result 3-1 Luís Henrique, Bebeto, Jorginho

572: 17th February 1993
v ARGENTINA *Buenos Aires*
Taffarel
Cafu
Célio Silva
Ricardo Gomes
Branco
Mauro Silva
Luís Henrique (sub. Dunga)
Raí
Valdo
Bebeto
Careca (sub. Müller)
Result 1-1 Luís Henrique

573: 17th March 1993
v POLAND *Ribeirão Preto*
Zetti
Luís Carlos Winck (sub. Vítor)
Antônio Carlos
Válber
Roberto Carlos (sub. Lira)
César Sampaio
Raí
Neto (sub. Palhinha)
Zinho
Müller
Evair
Result 2-2 Ryszard (og), Müller

574: 6th June 1993
v U.S.A. *New Haven*
Taffarel
Luís Carlos Winck
Júlio César
Márcio Santos
Branco (sub. Nonato)
Luisinho (sub. Raí)
Dunga
Boiadeiro
Valdeir
Careca
Elivélton (sub. Cafu)
Result 2-0 Careca, Luís Carlos Winck

575: 10th June 1993
v GERMANY *Washington*
Taffarel
Jorginho
Júlio César
Márcio Santos
Branco (sub. Nonato)
Dunga
Luisinho
Raí
Elivélton (sub. Cafu)
Careca
Valdeir (sub. Almir)
Result 3-3 Luisinho 2, Careca

576: 13th June 1993
v ENGLAND *Washington*
Taffarel
Jorginho
Márcio Santos
Válber
Nonato (sub. Cafu)
Dunga
Luisinho (sub. Palhinha)
Raí
Valdeir (sub. Almir)
Careca
Elivélton
Result 1-1 Márcio Santos

577: 18th June 1993
v PERU *Cuenca*
Taffarel
Cafu
Antônio Carlos
Válber
Roberto Carlos
Luisinho (sub. Boiadeiro)
César Sampaio
Palhinha
Edmundo (sub. Zinho)
Müller
Elivélton
Result 0-0

578: 21st June 1993
v CHILE *Cuenca*
Carlos
Cafu
Antônio Carlos
Válber
Roberto Carlos
César Sampaio
Boiadeiro
Palhinha (sub. Elivélton)
Zinho
Edmundo (sub. Viola)
Müller
Result 2-3 Müller, Palhinha

579: 24th June 1993
v PARAGUAY *Cuenca*
Zetti
Cafu
Antônio Carlos
Válber
Roberto Carlos
César Sampaio
Boiadeiro (sub. Luisinho)
Palhinha (sub. Edílson)
Zinho
Edmundo
Müller
Result 3-0 Palhinha 2, Edmundo

580: 27th June 1993
v ARGENTINA *Guayaquil*
Zetti
Cafu
Antônio Carlos
Válber
Roberto Carlos
Luisinho
Boiadeiro
Palhinha (sub. Marquinhos)
Zinho
Edmundo (sub. Almir)
Müller
Result 1-1 Müller

581: 14th July 1993
v PARAGUAY *Rio De Janeiro*
Taffarel
Jorginho (sub. Cafu)
Márcio Santos
Ricardo Rocha (sub. Válber)
Branco
Mauro Silva
Luís Henrique
Raí
Zinho (sub. Elivélton)
Bebeto
Careca (sub. Evair)
Result 2-0 Branco, Bebeto

582: 18th July 1993
v ECUADOR *Guayaquil*
Taffarel
Jorginho
Márcio Santos
Válber
Branco
Mauro Silva
Luís Henrique (sub. Dunga)
Raí
Zinho
Careca (sub. Evair)
Bebeto
Result 0-0

583: 25th July 1993
v BOLIVIA *La Paz*
Taffarel
Cafu
Márcio Santos
Válber
Leonardo
Mauro Silva
Luís Henrique (sub. Jorginho)
Raí (sub. Palhinha)
Zinho
Bebeto
Müller
Result 0-2

584: 1st August 1993
v BOLIVIA *La Paz*
Taffarel
Jorginho
Ricardo Rocha
Márcio Santos
Branco
Mauro Silva
Dunga
Raí (sub. Palhinha)
Elivélton
Bebeto
Careca (sub. Evair)
Result 5-1 Raí, Bebeto 2, Branco, Palhinha

585: 8th August 1993
v MEXICO *Rio De Janeiro*
Taffarel
Cafu
Ricardo Rocha
Márcio Santos
Branco
Mauro Silva
Dunga
Palhinha (sub. Valdeir)
Elivélton (sub. Valdo)
Raí
Müller
Result 1-1 Márcio Santos

586: 15th August 1993
v URUGUAY *Montevideo*
Taffarel
Jorginho
Ricardo Rocha
Márcio Santos
Branco
Mauro Silva
Dunga
Raí
Zinho
Müller (sub. Valdeir)
Bebeto (sub. Antônio Carlos)
Result 1-1 Bebeto

587: 22nd August 1993
v ECUADOR *Sao Paulo*
Taffarel
Jorginho
Márcio Santos
Ricardo Gomes
Branco (sub. Cafu)
Mauro Silva
Raí (sub. Palhinha)
Dunga
Zinho
Bebeto
Müller
Result 2-0 Bebeto, Dunga

588: 29th August 1993
v BOLIVIA *Recife*
Taffarel
Jorginho
Ricardo Rocha
Ricardo Gomes
Branco
Mauro Silva
Raí
Dunga
Zinho (sub. Palhinha)
Bebeto (sub. Evair)
Müller
Result 6-0 Raí, Müller, Bebeto 2, Branco, Ricardo Gomes

589: 5th September 1993
v VENEZUELA *Belo Horizonte*
Taffarel
Jorginho
Ricardo Rocha
Ricardo Gomes
Branco
Mauro Silva
Palhinha
Raí
Zinho
Valdeir (sub. Luís Henrique)
Evair
Result 4-0 Ricardo Gomes 2, Palhinha, Evair

590: 19th September 1993
v URUGUAY *Rio De Janeiro*
Taffarel
Jorginho
Ricardo Rocha
Ricardo Gomes
Branco
Mauro Silva
Dunga
Raí
Zinho
Bebeto
Romário
Result 2-0 Romário 2

591: 17th November 1993
v GERMANY *(United) Cologne*
Ronaldo
Jorginho
Ricardo Gomes
Márcio Santos (sub. Mozer)
Branco
Dunga
Zinho
Raí (sub. Edílson)
Paulo Sérgio
Edmundo
Evair (sub. Válber)
Result 1-2 Evair

592: 17th December 1993
v MEXICO *Guadalajara*
Zetti (sub. Gilmar)
Jorginho
Ricardo Rocha
Ronaldo
Branco (sub. Leonardo)
Dunga (sub. Paulo Sérgio)
Dinho
Palhinha (sub. Alberto)
Rivaldo
Renato Gaúcho (sub. Viola)
Müller
Result 1-0 Rivaldo

593: 23rd March 1994
v ARGENTINA *Recife*
Zetti
Cafu
Ricardo Rocha
Ricardo Gomes (sub. Mozer)
Branco (sub. Leonardo)
Mauro Silva
Dunga (sub. Mazinho)
Raí (sub. Rivaldo)
Zinho
Bebeto (sub. Ronaldo)
Müller
Result 2-0 Bebeto 2

594: 4th May 1994
v ICELAND *Florianópolis*
Zetti
Jorginho (sub. Cafu)
Aldair
Márcio Santos
Branco (sub. Leonardo)
Dunga
Mazinho
Paulo Sérgio (sub. César Sampaio)
Zinho (sub. Sávio)
Ronaldo
Viola (sub. Túlio)
Result 3-0 Ronaldo, Zinho, Viola

595: 5th June 1994
v CANADA *Edmonton*
Taffarel
Jorginho (sub. Cafu)
Aldair (sub. Márcio Santos)
Ricardo Gomes
Leonardo
Mauro Silva (sub. Mazinho)
Dunga
Raí (sub. Paulo Sérgio)
Zinho
Bebeto
Romário
Result 1-1 Romário

596: 8th June 1994
v HONDURAS *San Diego*
Taffarel
Jorginho (sub. Cafu)
Aldair
Ricardo Gomes (sub. Márcio Santos)
Leonardo
Mauro Silva
Dunga
Raí
Zinho (sub. Müller)
Bebeto (sub. Ronaldo)
Romário (sub. Viola)
Result 8-2 Romário 3, Bebeto 2, Cafu, Dunga, Raí

597: 12th June 1994
v EL SALVADOR *Fresno*
Zetti
Jorginho
Ricardo Rocha
Ricardo Gomes (sub. Márcio Santos)
Leonardo (sub. Branco)
Mauro Silva (sub. Raí)
Dunga
Zinho
Mazinho
Bebeto (sub. Viola)
Romário (sub. Müller)
Result 4-0 Romário, Bebeto, Zinho, Raí

598: 20th June 1994
v RUSSIA *Palo Alto*
Taffarel
Jorginho
Ricardo Rocha (sub. Aldair)
Márcio Santos
Leonardo
Mauro Silva
Dunga (sub. Mazinho)
Raí
Zinho
Bebeto
Romário
Result 2-0 Romário, Raí

599: 24th June 1994
v CAMEROON *Palo Alto*
Taffarel
Jorginho
Aldair
Márcio Santos
Leonardo
Mauro Silva
Dunga
Raí (sub. Müller)
Zinho (sub. Paulo Sérgio)
Bebeto
Romário
Result 3-0 Romário, Márcio Santos

600: 28th June 1994
v SWEDEN *Detroit*
Taffarel
Jorginho
Aldair
Márcio Santos
Leonardo
Dunga
Mauro Silva (sub. Mazinho)
Raí (sub. Paulo Sérgio)
Zinho
Bebeto
Romário
Result 1-1 Romário

601: 4th July 1994
v U.S.A. *Palo Alto*
Taffarel
Jorginho
Aldair
Márcio Santos
Leonardo
Mauro Silva
Dunga
Mazinho
Zinho (sub. Cafu)
Bebeto
Romário
Result 1-0 Bebeto

602: 9th July 1994
v HOLLAND *Dallas*
Taffarel
Jorginho
Aldair
Márcio Santos
Branco (sub. Cafu)
Mauro Silva
Dunga
Mazinho (sub. Raí)
Zinho
Bebeto
Romário
Result 3-2 Romário, Bebeto, Branco

603: 13th July 1994
v SWEDEN *Los Angeles*
Taffarel
Jorginho
Aldair
Márcio Santos
Branco
Mauro Silva
Dunga
Mazinho (sub. Raí)
Zinho
Bebeto
Romário
Result 1-0 Romário

604: 17th July 1994
v ITALY *Los Angeles*
Taffarel
Jorginho (sub. Cafu)
Aldair
Márcio Santos
Branco
Mauro Silva
Dunga
Mazinho
Zinho (sub. Viola)
Bebeto
Romário
Result 0-0 (Brazil won 3-2 on penalties)

605: 23rd December 1994
v YUGOSLAVIA *Porto Alegre*
Zetti
Jorginho
Aldair
Márcio Santos
Branco
César Sampaio
Dunga
Zinho
Marques (sub. Sávio)
Viola
Ronaldo (sub. Marcelinho)
Result 2-0 Viola, Branco

606: 22nd Febuary 1995
v SLOVAKIA *Fortaleza*
Taffarel
Cafu
Aldair (sub. Ricardo Rocha)
Márcio Santos
Branco (sub. Andre Luís)
Dunga
Leandro
Juninho
Jose Souza (sub. Yan)
Bebeto
Sávio (sub. Túlio)
Result 5-0 Márcio Santos, Jose, Bebeto 2, Túlio

607: 2nd March 1995
v URUGUAY *Mar Del Plata*
Adilson
Ronaldo
Alberto
Carlinhos
Bordon
Ricardo (sub. Fabiano)
Sandro
Nene
Cairo
Fabrico (sub. Roberto Carlos)
Silvinho
Result 2-0 Carlinhos, Silvinho

608: 29th March 1995
v HONDURAS *Rio De Janeiro*
Darnlei
Bruno Carvalho
Gelson
Jefferson (sub. Sérgio Manoel)
Zé Elias
Leandro
Juninho
Amoroso
Jose (sub. Sávio)
Túlio
Viola
Result 1-1 Túlio

609: 18th May 1995
v ISRAEL *Tel Aviv*
Zetti
Cafu
Aldair
Kleber
Roberto Carlos
Dunga
Doriva
Juninho
Rivaldo
Túlio (sub. Giovanni)
Ronaldo
Result 2-1 Rivaldo, Túlio

610: 4th June 1995
v SWEDEN *Villa Park*
Zetti
Jorginho
Aldair
Ronaldao
Roberto Carlos
Dunga
César Sampaio (sub. André Cruz)
Zinho
Juninho
Edmundo
Ronaldo
Result 1-0 Edmundo

611: 6th June 1995
v JAPAN *Goodison Park, Liverpool*
Zetti
Jorginho
Aldair
Márcio Santos
Roberto Carlos
Juninho (sub. Leonardo)
Dunga
Doriva
Zinho (sub. Rivaldo)
Edmundo
Ronaldo
Result 3-0 Roberto Carlos, Zinho 2

612: 11th June 1995
v ENGLAND *Wembley*
Zetti
Jorginho
Aldair (sub. Ronaldao)
Márcio Santos
César Sampaio
Roberto Carlos
Edmundo
Dunga
Ronaldo (sub. Giovanni)
Juninho (sub. Leonardo)
Zinho
Result 3-1 Edmundo, Ronaldo, Juninho

613: 29th June 1995
v POLAND *Recife*
Darnlei
Jorginho
Aldair
Ronaldao
Roberto Carlos
César Sampaio
Dunga
Jose Souza (sub. Leonardo)
Zinho
Edmundo (sub. Sávio)
Túlio
Result 2-1 Túlio 2

614: 7th July 1995
v ECUADOR *Rivera*
Dida
Jorginho
Aldair
Ronaldao
Roberto Carlos
César Sampaio (sub. Leandro)
Dunga
Zinho
Juninho
Edmundo (sub. Ronaldo)
Sávio
Result 1-0 Ronaldo

615: 10 July 1995
v PERU *Rivera*
Dida
Jorginho
Aldair
Ronaldao
Roberto Carlos
César Sampaio
Dunga
Zinho
Juninho
Edmundo
Sávio
Result 2-0 Zinho, Edmundo

616: 13th July 1995
v COLOMBIA *Rivera*
Taffarel
Jorginho
Aldair
André Cruz
Roberto Carlos
Dunga
César Sampaio
Juninho
Leonardo
Edmundo (sub. Túlio)
Sávio
Result 3-0 Juninho, Leonardo, Túlio

617: 17th July 1995
v ARGENTINA *Rivera*
Taffarel
Jorginho
Aldair
André Cruz
Roberto Carlos
Dunga
César Sampaio
Juninho
Leonardo (sub. Túlio)
Edmundo
Sávio
Result 2-2 Túlio, Edmundo

618: 20th July 1995
v U.S.A. *Montevideo*
Taffarel
Jorginho
Aldair
André Cruz
Roberto Carlos (sub. Beto)
Leandro
Dunga
Zinho
Juninho
Edmundo
Sávio (sub. Túlio)
Result 1-0 Aldair

619: 23rd July 1995
v URUGUAY *Montevideo*
Taffarel
Jorginho
André Cruz
Aldair
Roberto Carlos
César Sampaio
Zinho
Dunga
Juninho (sub. Beto)
Túlio
Edmundo
Result 1-1 Túlio (Uruguay won 5-3 on penalties)

620: 9th August 1995
v JAPAN *Tokyo*
Gilmar
Jorginho (sub. Carvalho)
Ronaldo (sub. Narciso)
André Cruz
Rodrigo
César Sampaio
Dunga
Zinho
Leonardo (sub. Juninho)
Edmundo
Giovanni (sub. Sávio)
Result 5-1 César Sampaio, Leonardo, Edmundo, Sávio, Kojima (og)

621: 12th August 1995
v SOUTH KOREA *Suwon*
Gilmar
Bruno
André Cruz
Ronaldo
Rodrigo (sub. Zé Roberto)
Dunga
César Sampaio
Leonardo (sub. Juninho)
Zinho
Edmundo
Giovanni
Result 1-0 Dunga

622: 27th September 1995
v ROMANIA *Belo Horizonte*
Dida (sub. Darnlei)
Bruno Carvalho
Adriano
Narciso
Zé Roberto
Zé Elias
Amaral
Jose Souza
Edílson
Marques
Sávio
Result 2-2 Marques, Sávio

623: 11th October 1995
v URUGUAY *Salvador De Bahia*
Carlos Germano
Cafu
Márcio Santos (sub. Narciso)
André Cruz
Roberto Carlos
Mauro Silva
Amaral
Rivaldo
Giovanni
Bebeto
Ronaldo (sub. Sávio)
Result 2-0 Ronaldo 2

624: 8th November 1995
v ARGENTINA *Buenos Aires*
Carlos Germano
Cafu
Aldair
André Cruz
Roberto Carlos
Flavio Conceicao (sub. Charles)
Amaral
Juninho
Rivaldo
Túlio (sub. Arílson)
Donizete
Result 1-0 Donizete

625: 20th December 1995
v COLOMBIA *Manaus*
Carlos Germano
Cafu
Celio Silva
Carlinhos (sub. Alexandre Lopes)
André Luís
Flavio Conceicao
Amaral
Rivaldo
Arílson (sub. Giovanni)
Túlio
Sávio
Result 3-1 Andre Luís, Túlio 2

626: 12th January 1996
v CANADA *Los Angeles*
Dida
Zé Maria
Narciso
Carlinhos
Flavio Conceicao
André Luís
Amaral
Arílson
Caio
Sávio (sub. Leandro)
Jamelli
Result 4-1 Andre Luís, Caio, Sávio, Leandro

627: 14th January 1996
v HONDURAS *Los Angeles*
Dida
Zé Maria
Narciso
Carlinhos
Flavio Conceicao (sub. Zé Elias)
André Luís
Amaral
Arílson (sub. Beto)
Caio
Sávio
Jamelli
Result 5-0 Caio 2, Sávio, Jamelli 2

628: 18th January 1996
v U.S.A. *Anaheim*
Dida
Zé Maria
Narciso (sub. Alexandre Lopes)
Carlinhos
Flavio Conceicao
André Luís
Amaral
Arílson
Jamelli
Caio
Sávio
Result 1-0 Marcelo Balboa (og)

629: 21st January 1996
v MEXICO *Los Angeles*
Dida
Zé Maria
Narciso
Flavio Conceicao
Carlinhos
André Luís
Amaral (sub. Beto)
Arílson (sub. Zé Elias)
Jamelli (sub. Leandro)
Caio
Sávio
Result 0-2

630: 11th February 1996
v BULGARIA
Dida
Zé Maria
Carlinhos
Narciso
André Luís
Flavio Conceicao
Amaral (sub. Beto)
Jamelli
Jose Souza (sub. Zé Elias)
Leandro
Sávio
Result 2-0 Sávio 2

631: 18th February 1996
v PERU *Tandil*
Dida
Zé Maria
Carlinhos
Narciso
Roberto Carlos (sub. André Luís)
Amaral
Flavio Conceicao
Jose Souza (sub. Beto)
Caio
Juninho (sub. Jamelli)
Sávio
Result 4-1 Juninho, Jamelli, Savio 2

632: 21st February 1996
v PARUGUAY *Tandil*
Dida
Zé Maria
Carlinhos
Narciso
Roberto Carlos (sub. André Luís)
Amaral
Flavio Conceicao
Jose Souza
Juninho
Caio (sub. Jamelli)
Sávio
Result 3-1 Roberto Carlos, Jose Souza 2

633: 23rd February 1996
v BOLIVIA *Tandil*
Dida
Zé Maria
Carlinhos
Alexandre Lopes
Roberto Carlos
Amaral (sub. Beto)
Marcelinho
Jose Souza
Juninho
Caio
Sávio
Result 4-1 Caio 4

634: 27th February 1996
v URUGUAY *Tandil*
Dida
Zé Maria
Carlinhos
Narciso
Roberto Carlos
Amaral
Flavio Conceicao
Jose Souza
Juninho
Caio
Sávio (sub. Jamelli)
Result 0-0

635: 1st March 1996
v VENEZUELA *Tandil*
Dida
Zé Maria
Carlinhos
Narciso
Roberto Carlos
Amaral
Flavio Conceicao
Jose Souza (sub. Beto)
Juninho
Caio (sub. Jamelli)
Sávio
Result 5-0 Zé Maria, Flavio Conceicao, Caio,
Sávio 2

636: 3rd March 1996
v ARGENTINA *Mar Del Plata*
Dida
Zé Maria
Carlinhos
Narciso
Robert Carlos
Amaral
Flavio Conceicao
Beto
Juninho
Caio
Sávio (sub. Jamelli)
Result 3-1 Beto, Juninho 2

637: 6th March 1996
v ARGENTINA *Mar Del Plata*
Dida
Zé Maria
Carlinhos
Narciso
Robert Carlos
Flavio Conceicao
Amaral (sub. Marcelinho)
Beto
Juninho
Caio
Sávio (sub. Jamelli)
Result 2-2 Beto, Sávio

638: 27th March 1996
v GHANA *Sao Do Rio Preto*
Dida
Zé Maria (sub. Zé Elias)
Aldair
Alexandre Lopes
André Luís
Flavio Conceicao
Amaral (sub. Marcelinho)
Rivaldo
Juninho (sub. Jamelli)
Luizao
Sávio (sub. Marques)
Result 8-2 Zé Maria, André Luís, Rivaldo,
Luizao, Sávio, Marques 3

639: 24th April 1996
v SOUTH AFRICA *Johannesburg*
Dida
Zé Maria
Alexandre Lopes
Aldair
André Luís
Flavio Conceicao
Rivaldo
Jamelli (sub. Zé Elias)
Amaral
Sávio
Bebeto
Result 3-2 Flavio Conceicao, Rivaldo,
Bebeto

54

640: 23rd May 1996
v CROATIA *Manaus*
Dida
Flavio Conceicao (sub. Marcelinho Paulista)
Aldair
Alexandre Lopes
Roberto Carlos
Zé Elias
Amaral (sub. Beto)
Rivaldo
Juninho
Luisao
Sávio
Result 1-1 Sávio

641: 27th June 1996
v POLAND *Vitoria*
Darnlei (sub. Dida)
Zé Maria (sub. Zé Elias)
Aldair
Ronaldo (sub. Narciso)
Roberto Carlos
Flavio Conceicao
Amaral
Rivaldo
Juninho
Bebeto
Ronaldinho (sub. Marques (sub. Luisao))
Result 3-1 Bebeto 2, Narciso

642: 10th July 1996
v DENMARK *Florianopolis*
Dida
Zé Maria (sub. Marcelinho)
Ronaldo Guirao
Aldair (sub. Narciso)
Roberto Carlos (sub. André Luís)
Flavio Conceicao
Amaral (sub. Zé Elias)
Rivaldo
Juninho
Bebeto (sub. Luisao)
Ronaldo
*Result 5-1 Flavio Conceicao, Rivaldo,
Juninho, Bebeto, Ronaldo*

643: 14th July 1996
v REST OF THE WORLD *East
Rutherford*
Dida
Zé Maria
Aldair
Ronaldo Guirao
Roberto Carlos
Flavio Conceicao
Amaral (sub. Zé Elias)
Juninho
Rivaldo
Bebeto
Sávio (sub. Ronaldo)
Result 2-1 Roberto Carlos, Bebeto

644: 21st July 1996
v JAPAN *Miami*
Dida
Zé Maria
Aldair
Ronaldo Guirao
Roberto Carlos
Flavio Conceicao
Amaral (sub. Zé Elias)
Juninho
Rivaldo
Bebeto
Sávio (sub. Ronaldo)
Result 0-1

645: 23rd July 1996
v HUNGARY *Miami*
Dida
Zé Maria
Aldair
Ronaldo Guirao
Roberto Carlos
Zé Elias
Flavio Conceicao
Juninho
Rivaldo (sub. Amaral
Bebeto
Ronaldo (sub. Sávio)
Result 3-1 Juninho, Bebeto, Ronaldo

646: 25th July 1969
v NIGERIA *Miami*
Dida
Zé Maria
Aldair
Ronaldo Guirao
Roberto Carlos
Zé Elias
Flavio Conceicao
Juninho
Rivaldo (sub. Amaral)
Bebeto
Ronaldo (sub. Sávio)
Result 1-0 Ronaldo

647: 28th July 1996
v GHANA *Miami*
Dida
Zé Maria
Aldair
Ronaldo Guirao
Robert Carlos (sub. André Luís)
Flavio Conceicao
Juninho
Zé Elias
Amaral (sub. Rivaldo)
Ronaldinho
Bebeto
Result 4-2 Own Goal, Ronaldinho, Bebeto 2

648: 31th July 1996
v NIGERIA *Athens*
Dida
Zé Maria
Ronaldo Guirao
Aldair
Roberto Carlos
Zé Elias
Flavio Conceicao
Juninho (sub. Rivaldo)
Amaral
Bebeto
Ronaldo (sub. Sávio)
Result 3-4 (aet) Flavio Conceicao 2, Bebeto

649: 2nd August 1996
v PORTUGAL *Athens*
Dida
Zé Maria
Ronaldo Guirao
Aldair
Roberto Carlos
Zé Elias
Amaral (sub. Marcelinho)
Juninho
Flavio Conceicao
Bebeto
Ronaldo
Result 5-2 Falvio Conceicao, Bebeto 3,
Ronaldo

650: 28th August 1996
v RUSSIA *Moscow*
Carlos Germano
Cafu
Goncalves
André Cruz
André Luís
Zé Elias
Amaral
Donizete
Leonardo (sub. Zé Maria)
Giovanni
Ronaldo (sub. Jardel)
Result 2-2 Donizete, Ronaldo

651: 31st August 1996
v HOLLAND *Amsterdam*
Carlos Germano
Cafu
André Cruz
Goncalves
André Luís
Amaral
Zé Elias
Giovanni
Leonardo
Donizette (sub. Sérgio Manoel)
Ronaldo (sub. Jardel)
Result 2-2 Giovanni, Goncalves